U0522447

共同代理关系应用及效率研究

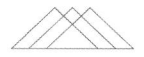

张帅 ◎ 著

中国社会科学出版社

图书在版编目（CIP）数据

共同代理关系应用及效率研究 / 张帅著 . —北京：中国社会科学出版社，2021.12
ISBN 978-7-5203-9766-7

Ⅰ.①共⋯　Ⅱ.①张⋯　Ⅲ.①代理商—管理—研究　Ⅳ.①F718

中国版本图书馆 CIP 数据核字（2022）第 028026 号

出 版 人	赵剑英
责任编辑	戴玉龙
责任校对	周晓东
责任印制	王　超

出　　版	中国社会科学出版社
社　　址	北京鼓楼西大街甲 158 号
邮　　编	100720
网　　址	http://www.csspw.cn
发 行 部	010-84083685
门 市 部	010-84029450
经　　销	新华书店及其他书店
印　　刷	北京明恒达印务有限公司
装　　订	廊坊市广阳区广增装订厂
版　　次	2021 年 12 月第 1 版
印　　次	2021 年 12 月第 1 次印刷
开　　本	710×1000　1/16
印　　张	9.75
插　　页	2
字　　数	121 千字
定　　价	85.00 元

凡购买中国社会科学出版社图书，如有质量问题请与本社营销中心联系调换
电话：010-84083683
版权所有　侵权必究

前　言

在金融市场上，由于分工越来越细化，导致越来越多的委托代理关系出现，例如证券和股票经纪人制度、机构投资者的壮大、投资经理的出现。然而，由于信息的不对称，金融市场上也不可避免地出现了大量的逆向选择和道德风险问题，例如职业经纪人违规操作以获得更高的收益、机构投资人和投资经理为了实现自己的利益而进行非理性投资等。在大量的委托代理关系出现的同时，共同代理关系也呈现一种"雨后春笋"的态势，这是因为在金融市场上代理人的数量总是远远小于委托人的数量，一个代理人接受的委托数量也是巨大的，这就导致很多代理人其实本质上是很多个委托人的共同代理人。由于网络技术的发展，天南地北的投资人都可以找到同一个经纪人来代替他操作证券或股票的买卖，这也就导致了一个结果：同一个经纪人的委托人很有可能不了解其他委托人的私人信息。在共同代理关系中，这种信息的不对称可能会引发共同代理人与某一个（或一些）委托人"串谋"来损害其他委托人利益的情况。那么，问题是：当存在身份信息不对称的共同代理关系下发生了串谋时，串谋的发生对金融市场的公平性和效率有什么样的影响？

共同代理理论由 B. Douglas Bernheim 和 Michael Whinston 开创以来，经过 30 多年的发展，已经取得了丰硕的成果。B. Douglas Bernheim 和 Michael Whinston（1985，1986a）开创性地给出了"共同代理"的定义。但是，已有的共同代理理论的研究没有考虑过存在身份信息不对称的共同代理人的情况。但是，共同代理理论中并没有研究过共同代理人双重身份这一信息的重要性。然而在现实中，这种共同代理人的双重身份隐蔽的情况很普遍，比如商界中的职业间谍、私家侦探等，已有的共同代理理论就没办法用来分析这类问题。问题就出现了：怎样构建一个可以分析存在身份信息不对称的共同代理这一类问题的研究框架？

还有一个重要的问题就是共同代理为什么会出现。已有的共同代理理论给出的解释无非是共同代理具有规模经济。但是，本书提出，还有一种导致共同代理普遍化的原因就是分工越来越细化。

本书提出分工细化能使共同代理关系出现，其实并不难理解。当分工越来越细化时，一个主体不能靠自己完成所有的工作时，它必然会寻找代理人，当越来越多的委托代理关系出现时，不可避免的共同代理也就会出现，本书上面提到的身份信息隐蔽的共同代理人就更容易出现。那么，问题是：在分工细化下可能会出现身份信息隐蔽的共同代理关系，那么存在这种分工细化的市场与不存在分工细化的市场相比有什么不同？

上面提出的两个问题就是本书理论研究的主要内容，简单地说，本书研究的是在一种普遍存在的、有显著特点的框架下分工细化、共同代理和串谋这三者之间的关系以及它们对均衡造成的影响。该框架研究的是纵向分工细化下出现身份隐蔽的共同代理关系之后，共同代理人可能会与委托人串谋这样一系列的因果关系，其中动因是纵向分工细化，行动结果是串谋，研究目的是分析这一系列因果关系对均衡的影响。研究内容主要分为两大部分：一是存在身份信息不对称的共同代理框架下串谋对均衡结果的影响；二是引入分工细化的竞争模型中市场效率的变动问题。

  本书第四章构建理论模型来研究第一部分的内容。首先构建了一个存在身份信息不对称的博弈互动模型，目的是研究共同代理人或委托人的最优行动选择，以及串谋实现的条件和影响结果，该模型还研究了初始的身份信息不对称程度是否会对最终结果产生影响，这对以后构建这一类模型时对初始信息不对称程度的假设有一定的意义；然后，本书以"古诺模型"为例，扩展了模型假设，使之成为一个存在身份信息隐蔽的共同代理人的分析框架，研究了串谋发生的条件、串谋对均衡结果的影响，并且比较了此扩展模型与传统"古诺模型"的均衡结果。本章得到的结论是：串谋在一定条件下会出现；串谋对参与主体来说是有效的，能增加参与串谋的主体收益，但串谋对市场效率来说不一定是有效的。在一定条件下，串谋能增加行业整体收益；在一定条件下，串谋也可能会减少行业整体收益。

  本书第五章拓展了经典的"囚徒困境"案例和存在市场失灵的案例来研究第二个问题。首先，拓展了"鹰鸽博弈"和"古诺模型"，将分工细化引入经典模型中，比较了拓展前后（存在分工细化和不存在分工细化）模型的均衡结果，并得到了很有意义的结论；然后，本书构建了一个解决"囚徒困境"的一般化的模型，并研究了分工细化使市场变得更有效的条件；最后，本书拓展了分别存在逆向选择和道德风险的两个经典案例"柠檬市场"和"公司治理模型"，并提出了解决这两类市场失灵的有效建议。本章得到的结论是："共同代理人"以与委托人串谋的方式参与非合作博弈，串谋具有协同效应，即联盟的收益大于无联盟时共同代理和委托人收益的和，而且串谋会对联盟外的委托人造成损害，即委托人的收益低于无联盟时的收益。当满足一定条件时，在非合作博弈中加入共同代理能够实现一定程度的合作，整体收益和个体收益都会增加。

最后本书第六章将理论研究成果应用于金融市场上分析了串谋对金融市场的公平性和效率的影响，以及提高金融市场公平性、增加市场效率的措施。

本书的研究结论是：

第一，在存在身份信息不对称的共同代理框架下，共同代理人与委托人串谋发生是有条件的，而且串谋的发生一定会改变各主体的收益分配结构。在金融市场上串谋的发生会影响金融市场的公平性，不利于金融市场的稳定发展。

第二，由分工细化产生共同代理关系，运用共同代理框架下串谋发生的作用机制，可以分析分工细化下串谋对市场效率的影响，结论是在一定条件下串谋是提高市场效率的。在金融市场上，可以通过合理的分工和合理的串谋来提高市场的效率。

目 录

第一章 导论 …………………………………………………… 1
    第一节 研究背景 ………………………………………… 1
    第二节 逻辑主线和基本框架 …………………………… 6

第二章 概念界定以及文献综述 …………………………… 10
    第一节 共同代理的概念描述 …………………………… 10
    第二节 共同代理理论的研究综述 ……………………… 10
    第三节 本书研究的侧重点与已有研究的
           不同之处 ………………………………………… 29

第三章 共同代理的一个重要信息——身份信息 ……… 33
    第一节 一个金融市场上的案例 ………………………… 33
    第二节 分工细化的界定 ………………………………… 35
    第三节 共同代理身份信息的界定 ……………………… 38
    第四节 串谋的界定 ……………………………………… 39
    第五节 分工细化的一个结果：委托代理
           关系出现 ………………………………………… 41

第六节　身份隐蔽的共同代理下串谋的出现 …… 44
第七节　本章小结 …… 46

第四章　存在身份信息不对称的共同代理框架下的串谋问题 …… 48

第一节　身份信息不对称的界定 …… 48
第二节　存在身份信息不对称的一个博弈互动模型 …… 53
第三节　存在身份信息不对称的"古诺模型" …… 66
第四节　企业代理方式的选择：共同代理还是独立代理 …… 72
第五节　本章小结 …… 89

第五章　分工细化下的串谋问题 …… 93

第一节　分工细化下串谋发生的机制 …… 93
第二节　运用分工细化下串谋发生的机制研究的问题 …… 94
第三节　存在分工细化的"鹰鸽博弈"和"古诺模型" …… 98
第四节　存在分工细化的一般化非合作博弈模型分析 …… 106
第五节　存在分工细化的"柠檬市场"和"公司治理模型" …… 112
第六节　本章小结 …… 115

第六章　理论成果在金融市场上的应用 ………………118

　第一节　分工细化、共同代理及其影响下的串谋与
　　　　　金融市场的公平性…………………………118

　第二节　分工细化、共同代理及其影响下的串谋与
　　　　　金融市场的效率……………………………120

　第三节　在商业和金融领域中的具体案例 ………122

第七章　结论与思考……………………………………127

　第一节　本书的研究结论………………………………127

　第二节　研究结论的思考………………………………131

参考文献………………………………………………………133

第一章　导论

第一节　研究背景

在金融市场上，由于分工越来越细化，导致越来越多的委托代理关系出现，例如证券和股票经纪人制度、机构投资者的壮大、投资经理的出现。证券和股票经纪人就是专门代理投资人进行证券和股票交易操作的群体，证券或股票投资人是委托人，职业经纪人是代理人。机构投资者也是广大个人投资者的代理人，个体投资人将自己的资金委托给共同基金、保险公司、银行信托等较大的机构管理从而间接投资金融市场。投资经理是机构投资者或个人投资者雇佣的帮助其进行投资决策的专业人员，他也是典型的代理人。然而，由于信息的不对称，金融市场上也不可避免地出现了大量的逆向选择和道德风险问题，例如职业经纪人违规操作以获得更高的收益、机构投资人和投资经理为了实现自己的利益而进行非理性投资等。在大量的委托代理关系出现的同时，共同代理关系也呈现一种"雨后春笋"的态势，这是因为在金融市场上代理人的数量总是远远小于委托人的数量，一个代理人接受的委托数量也是巨大的，这就导致很多代理人其实本质上是很多个委托人的共同代理人。由于网络技术的发展，天南地北的投资人都可以找到同一个经纪人来代替他操作证券或股票的买卖，这也就导致了一个结果：同一个经纪人的委托人很有可能不了解其他委托人的私人信息。

在共同代理关系中，这种信息的不对称可能会引发共同代理人与某一个（或一些）委托人"串谋"来损害其他委托人利益的情况。例如，在新兴的物流金融服务中，物流企业是金融机构和融资企业的共同代理人，它的存在使金融机构与融资企业各得所需。但是，由于金融机构很难避免融资企业与共同代理人物流企业的串谋，金融机构很可能因为这两方的串谋行为而遭受损失。这其中不仅包括单一委托代理关系中出现的逆向选择和道德风险问题，还包括一种新的风险，那就是物流企业与融资企业合谋欺骗金融机构的风险，也就是物流企业作为共同代理人与委托人合谋而对其他委托人带来的风险。

目前，学界对金融市场上单一委托代理关系下出现的逆向选择和道德风险问题研究得比较多，但是对金融市场上的共同代理关系关注和研究甚少。如前面提到的，在金融市场上，共同代理关系的出现是必然的，并且市场上共同代理关系的数量是占绝对优势的。最重要的是，在金融市场的共同代理关系下会出现不同于单一委托代理关系下的信息不对称的形式，本书称为"身份信息不对称"，也就是说共同代理关系中的委托人不了解其代理人还是哪些委托人的代理人。而且这种新出现的信息不对称会导致"串谋"的发生，即共同代理人与一部分委托人合谋来损害另一部分委托人的利益。"身份信息不对称"和"串谋"在单一委托代理关系的研究中是不存在的，因此在金融市场上不能只研究单一委托代理关系下出现的逆向选择和道德风险问题，还要研究存在身份信息不对称的共同代理关系下发生的串谋问题。那么，问题是：当存在身份信息不对称的共同代理关系下发生了串谋时，串谋的发生对金融市场的公平性和效率有什么样的影响？能否通过控制串谋来提高金融市场的公平性和效率？本书要研究和解答的就是这个问题。串谋是一种"阳奉阴违""墙头草"的行为，它本身是一种不道德的行为，但是本书基于"完全理性的经济人假设"，忽略道德的因素，研究串谋对金融市场公平性和效率、对各市场主体的收益分配情况的影响。

通过上面研究背景的介绍可以看出，研究金融市场中的共同代理关系具有重大的现实指导意义：第一，关注到金融市场上不仅存在单一委托代理关系，共同代理关系的角色越来越重要；第二，提出在金融市场上共同代理关系下出现的一种新的信息不对称形式——身份信息不对称以及一种新的"合作"行为——串谋；第三，研究串谋的发生对金融市场的稳定性和效率的影响、研究串谋如何改变各市场主体的利益分配结构，并在现实实践中可以有针对性地采取措施通过控制串谋来提高金融市场的公平性和效率。

下面介绍该研究理论背景。共同代理是委托代理关系的一种特殊形式，经济学家研究生产厂商为什么会选择共同代理方式、共同代理有哪些优势，委托人在共同代理下如何设计激励机制，以及共同代理对委托人竞争和社会福利会产生什么样的影响等一系列的问题。B. Douglas Bernheim 和 Michael Whinston（1985，1986a）开创性地给出了"共同代理"的定义：当个人（代理人）的行为选择影响了多个参与人（委托人）的收益结构时，那么这个代理人被称为这些多个委托人的共同代理人，他们之间的关系叫作共同代理关系。Bernheim 和 Whinston 回答了两个问题：第一，委托人总的均衡激励方案是否有效？第二，均衡中委托人和代理人选择了什么行动？在此研究的基础之上，学者开始慢慢设计贴近现实的理论模型试图解释更为复杂的情况，研究内容涵盖了均衡结果的存在性及特征分析、激励机制的设计、代理方式的选择、委托人合作程度的研究、合谋收益的分配研究等。

在共同代理关系中存在这样的特殊情况：委托人可能不了解其代理人是共同代理人。此时代理人的身份信息是一种重要的资源，信息的不对称会改变各主体的利益结构。共同代理理论中并没有研究过共同代理人双重身份这一信息的重要性。然而在现实中，这种共同代理人的双重身份隐蔽的情况很普遍，比如商界中的职业间谍、私家侦探等，已有的共同代理理论就没办法用来分析这类问题。那么，问题是：委托人和代理人关于身份信息的不对称会产生怎样的行为后果，身份信息的不对称会对各自的均衡收益产生什么样的影响。这些问题就是本书要研究的问题之一。

还有一个重要的问题就是分工细化与共同代理的因果关系。已有的共同代理理论给出的解释无非是共同代理具有规模经济。但是，本书提出，还有一种导致共同代理普遍化的原因就是分工越来越细化。这也不难理解，当分工越来越细化时，一个主体不能靠自己完成所有的工作时，它必然会寻找代理人，当越来越多的委托代理关系出现时，不可避免的共同代理也会出现，本书上面提到的身份信息隐蔽的共同代理人就更容易出现。那么，问题是：在分工细化下可能会出现身份信息隐蔽的共同代理关系，那么存在这种分工细化的市场与不存在分工细化的市场相比有什么不同？

主流经济学研究的分工主要与劳动生产率、交易费用以及组织安排相关。分工理论的研究历程很久远：从柏拉图对分工的天才猜想开始，经历亚当斯密的理论推进、马克思对分工与经济发展的关系揭秘，分工理论在新古典经济学时期慢慢淡出，随着企业与产业理论的发展，杨格定理对分工理论进行了大的推进，直到新兴的古典经济学时期，分工理论才又慢慢回归到主流经济学的研究范围中。

将劳动分工和委托代理关系放在一起进行研究的一个领域是企业一体化。本书要研究的问题确是顺社会分工，即纵向分工细化而不是纵向一体化，因为纵向分工细化可能使委托代理关系出现，当身份隐蔽的共同代理人出现时，问题就回到了上面所提到的方向上，即委托人和代理人关于身份信息的不对称会导致怎样的后果，会对各自的均衡收益产生什么样的影响。也就是说，本书要研究的是分工细化的存在会对均衡产生什么影响，靠市场力量的分工细化能不能使均衡更有效。这也是本书期待回答的问题之一。

综上所述，本书研究的理论意义有：首先，发展了共同代理理论，将身份信息不对称纳入共同代理框架中，可以用来分析很多共同代理这一类的普遍的社会现象；其次，发现分工细化与委托代理的因果关系，在同一框架下分析它们对均衡的影响，可以论证一个很重要的命题：在一定条件下，仅靠市场力量能够使均衡更有效。

第二节　逻辑主线和基本框架

本书要研究的现实问题是：在金融市场上，在分工细化、共同代理关系下出现的串谋是否会影响金融市场的公平性及效率，以及如何通过控制串谋的发生来提高金融市场的公平性及效率的问题。本书研究的理论框架是：在一种普遍存在的、有显著特点的框架下分工细化、共同代理和串谋这三者之间的关系以及它们对均衡产生的影响。该框架具有的显著特点主要是指：分工细化仅仅指纵向分工细化，它可能使单一的委托代理关系，或者共同代理关系出现；共同代理具有身份信息隐蔽的特点，委托人和共同代理人存在身份信息的不对称；串谋的特点是在身份信息不对称的前提下，满足一定的条件才能发生，而且它是一种隐蔽行为。

本书理论框架下要研究的具体问题是：第一，在存在身份信息不对称的共同代理框架下，研究身份信息不对称下共同代理人或委托人的行动结果（是否会改变初始的身份信息的不对称程度），研究存在身份信息不对称时串谋发生的条件以及串谋发生后委托人、共同代理人均衡收益的变化；第二，当存在分工细化，并且由它产生委托代理关系（包括单一的委托代理关系和共同代理关系）并发生串谋时，得到的均衡结果与不存在分工细化时的均衡结果相比较，前者是否变得更有效率，也就是说分工细化下的串谋到底能不能提高市场的效率。

在这一逻辑主线的引导下，本书共分为七章：

第一章是导论，介绍本书的研究背景、选题意义、逻辑主线和基本框架。

第二章是国内外文献综述以及本书研究侧重点与已有研究的不同之处。首先，阐述了劳动分工和共同代理的基本概念。其次，对劳动分工理论和共同代理理论的研究进行了综述，同时，综述了关联分工和委托代理两个方面的研究成果。最后，阐述了本书研究的侧重点与已有研究的不同之处。

第三章首先通过一个故事和一个金融市场上的案例来更形象地引出本书研究的主要内容。其次，界定了在本书的研究中分工细化、共同代理和串谋这三者的含义及显著特点，重点阐述了本书研究的这三个概念与传统研究中的区别。最后，阐述了这三者之间的因果关系以及关系能够实现的必要条件：在一定条件下纵向分工细化可能产生委托代理关系（包括共同代理关系）；同样的，在一定条件下，存在身份隐蔽的共同代理的框架下委托人和共同代理人之间的串谋可能出现。

第四章研究的问题是：将身份信息不对称纳入共同代理框架中，研究身份信息不对称下委托人或共同代理人的行动结果，即他们是否会采取行动来改变初始的身份信息不对称的程度，并且研究存在身份信息不对称时串谋发生的条件以及串谋发生后委托人、共同代理人均衡收益的变化。本章通过构建理论模型来研究该问题：首先构建了一个存在身份信息不对称的博弈互动模型，目的是研究共同代理人或委托人的最优行动选择，以及串谋实现的条件和影响结果，该模型还研究了初始的身份信息不对称程度是否会对最终结果产生影响，这对以后构建这一类模型时对初始信息不对称程度的假设有一定的意义。其次，本书以"古诺模型"为例，扩展了模型假设，使之成为一个存在身份信息隐蔽的共同代理人的分析框架，研究了串谋发生的条件、串谋对均衡结果的影响，并且比较了此扩展模型与传统"古诺模型"的均衡结果，并得到了有意义的结论。最后，应用本章的理论研究成果，本书研究了一个具体的在商品市场上的应用：发生串谋时市场结构对企业代理方式选择的影响。

第五章研究的问题是：当存在分工细化并由此产生委托代理关系（包括单一的委托代理关系和共同代理关系）且发生串谋时，竞争模型的均衡结果与不存在分工细化时的结果相比，前者是否变得更有效率。也就是说，分工细化下的串谋能不能使市场更有效。本书选择了"囚徒困境"、非帕累托最优的非合作博弈、逆向选择和道德风险四类案例进行分析：首先，拓展了"鹰鸽博弈"和"古诺模型"，将分工细化引入经典模型中，比较了拓展前后（存在分工细化和不存在分工细化）模型的均衡结果，并得到了很有意义的结论；其次，本书构建了一个解决"囚徒困境"的一般化的模型，并研究了分工细化使市场变得更有效的条件；最后，本书拓展了分别存在逆向选择和道德风险的两个经典案例"柠檬市场"和"公司治理模型",并提出了解决这两类市场失灵的有效建议。

第六章是本书所研究的理论在金融市场上的应用:第一,运用本书理论研究成果分析了串谋对金融市场公平性和效率的影响;第二,运用本书理论研究成果,提出了解决金融市场上存在的逆向选择和道德风险问题的有效措施,并提出了提高金融市场公平性和效率的有效措施;第三,案例分析:分析了商业间谍以及证券经理人的行为,企业防范商业机密被窃的措施以及证券、股票投资人防范虚假或误导性信息的措施。

第七章是对本书研究结论的一个总结并阐述了本书研究结论的意义。研究结论概述包括:存在身份信息不对称的共同代理问题的结论、存在分工细化的市场效率问题的结论以及第六章在金融市场的应用中得到的结论。本书研究结论的意义是从两个方面进行说明的,与本书选题意义相呼应。

第二章 概念界定以及文献综述

第一节 共同代理的概念描述

B. Douglas Bernheim 和 Michael Whinston（1985,1986a）开创性地给出了"共同代理"的定义：当个人（代理人）的行为选择影响了多个参与人（委托人）的收益结构时，那么这个代理人成为多个委托人的共同代理人，他们之间的关系叫作共同代理关系。也就是说，当多个委托代理关系中的代理人是同一个主体时，那么这些本来独立委托代理关系就变成了相关联的共同代理关系，就像是几条绳子打了结一样，打结的节点就可以看作共同代理人。

第二节 共同代理理论的研究综述

Bernheim 和 Whinston 基于理论分析，他们在 1986 发表了一篇经典的论文，该文提出了一个具有一般性的模型。该文的结论是委托人之间合谋都是最优的，此时委托人的收益最大化。简单地说,两个委托人(类似寡头垄断)可以通过选择共同代理的方式实现本质上的合并(委托人合谋),从而实现更多的利益(垄断利益)。实质上,共同代理就是一种间接机制,它使相互竞争的企业成为一个整体,最终通过合谋带来额外的利益,这个额外的利益可能一部分由于共同代理消除了委托人之间的相互竞争而产生的,一部分是由于代理人的规模经济产生的。

这两篇论文是研究共同代理问题的开始,基本模型的假设也很简单,它们的侧重点在于共同代理与传统委托代理问题的一个本质区别:委托人数量不同。传统委托代理问题仅仅研究单个委托人如何设计激励机制来解决逆向选择和道德风险的问题,但共同代理中由于参与人变为多个委托人和一个代理人,那么这多个委托人在设计激励机制时必然要受到其他委托人行为(激励机制)的影响,这就是 Bernheim 和 Whinston 最开始研究的问题:多个委托人共同设计激励机制时的最优均衡。

一 研究动态

在 Bernheim 和 Whinston 的研究基础之上,学者开始慢慢设计贴近现实的理论模型试图解释更为复杂的情况,研究内容涵盖了均衡结果的存在性及特征分析、激励机制的设计、代理方式的选择、委托人合作程度的研究、合谋收益的分配研究等。本书通过对大量文献的整理,将理论研究的方向具体分为八项,前四项是共同代理理论研究比较成熟、重要的问题,第五项到第八项是近年来共同代理研究领域中最前沿的方向。

（一）研究当委托人和代理人之间存在信息不对称时，共同代理方式的效率问题，以及委托人和代理人的最优选择

较早研究信息不对称问题的文献是 Esther Galor（1991），他研究了当委托人不了解代理人成本信息时共同代理是否仍然有效的问题。论文提出当共同代理具有其代理成本的私人信息时，委托人可能无法准确设定给代理人的信息租（激励合同）。当委托人的信息劣势足够大直至超过合谋的优势时，委托人选择独立代理（排他性交易）会比共同代理更有利。这篇论文是在 Bernheim 和 Whinston（1985，1986a）的基本模型上进行的扩展：将完全信息扩展为不完全信息。论文提出委托人与代理人的信息不对称会使共同代理方式存在劣势，此时，委托人需要权衡共同代理方式的优势和劣势（委托人合谋获得额外收益与委托人可能支付更高的信息租）来确定选择共同代理是否仍然有效。

进一步地，Gary Biglaiser 和 Claudio Mezzetti 对委托人和代理人之间的信息不对称进行了细化：委托人存在垂直差异和委托人存在水平差异。委托人的垂直差异化是指委托人对代理人能力的认识是不同的，而且代理人的能力水平是代理人的私人信息；委托人的水平差异化是指代理人对不同委托人给予的任务具有不同的产出能力，而且这是代理人的私人信息。Gary Biglaiser 和 Claudio Mezzetti（1993）研究的是委托人存在垂直差异的共同代理问题。论文还有一个重要的假设是代理人同一单位的投入对不同委托人的平均产出和边际产出是不同的。因此，在能力水平的中间

段，委托人的竞争是最激烈的（呈正态分布）。论文研究了当同时存在逆向选择和道德风险时，对竞争激烈的能力水平中间段，委托人是如何设计激励合同、代理人如何选择委托人以及努力水平的。均衡结果显示：委托人将相同的混合合同提供给处于能力水平中间段的委托人；所有的代理人都提供一个固定的努力水平，得到相同的货币回报，并且委托人得到零收益；当只有一个委托人时，低能力代理人的努力水平要高于高能力代理人的努力水平，但是低能力代理人的回报可能低于高能力代理人的回报。Claudio Mezzetti（1997）研究的是委托人存在水平差异的共同代理问题。当委托人给予的任务是互补时，均衡结果显示，首先，委托人选择共同代理比选择独立代理有两个优势：第一，对于互补的两项任务，共同代理能创造更多的盈利；第二，共同代理获得补偿性激励从而降低了它的信息租。其次，委托人合作是最优的，这是因为合作能使委托人从代理人那里提取更多的租金，而且当代理人对某项任务具有明显的优势时，合作对委托人来说更有利。这两篇论文研究的信息不对称问题与 Galor（1991）研究的信息不对称内容虽略有不同，但研究的问题是相同的，这两篇论文的创新点就是从委托人的角度复杂化了信息不对称的类型，丰富了 Galor 的研究。

　　与前面的研究都不同的是，Claudio Mezzetti 和 Theofanis Tsoulouhas（2000）研究了当委托人处于信息优势而代理人处于信息劣势时的共同代理问题。论文假设委托人具有关于其类型的私人信息，代理人在签约之前可以进行信息收集，目的是将委托人的类型进行区别。论文提出只有当委托人在代理人拒绝初始合同之后还能修改合同时，委托人的类型才能实现完美的分离；但矛盾的是，当委托人提供的初始合同不能修改时，代理人才会从中受益。这篇论文的假设也符合一些现实情况，研究结果也具有一定的现实意义，并丰富了信息不对称下共同代理问题的研究。

（二）研究存在逆向选择、道德风险的共同代理问题，包括代理方式的选择、激励机制的设计等

对这类问题的研究，代表人物是 David Martimort 和 Lars Stole，他们的一系列文章都是围绕存在逆向选择和道德风险下的共同代理问题展开的。

David Martimort（1996）首先研究了逆向选择对代理方式选择的影响。论文提出在现实中有的制造商偏好选择共同代理方式，而有的制造商却偏好选择独立代理方式（排他性交易）。笔者认为，逆向选择的严重程度和产品的互补性或替代性都可能对制造商最优代理方式的选择产生影响。论文借鉴 Bernheim 和 Whinston（1986a）的结论，当制造商选择共同代理时可以通过合谋获得额外的收益，但制造商不可能在激励的供给上合作，因此竞争还是存在的。当制造商选择独立代理时，制造商之间的竞争会使合作降到最低，同时也降低了代理人的信息租。它的结论是：根据逆向选择的严重程度不同，或产品的差异度不同，共同代理和独立代理都有可能成为制造商的最优选择。这篇论文是将逆向选择问题引入 Bernheim 和 Whinston 的基本模型中，得到了不同的结论。另一篇研究共同代理类型选择的文献是 David Martimort 和 Lars Stole（2009a），它比较了内生型共同代理和授权型共同代理的市场参与度。论文研究

了存在逆向选择时，委托人和代理人能达成的均衡内生型和授权型共同代理关系的数量，用市场参与度来表示。论文的结论是：在内生型共同代理下，相比于垄断市场，市场参与度会出现更多的扭曲，即市场参与度会更小，并且均衡配置对边缘代理人是间断的；在授权型共同代理下，当合同变量是相互替代时，市场参与度比垄断市场要高；当合同变量是相互补充时，市场参与度比垄断市场低，并且均衡配置对边缘代理人是连续的，产品供给量等于最优量和垄断市场的产出。这篇论文讨论的是对不同共同代理类型达成数量的比较，即选择内生型共同代理还是选择授权型共同代理的分析。委托人对代理方式的选择是一个很重要的问题，因为它是共同代理关系是否能实现的研究，只有证明了市场上共同代理关系存在合理性，那么研究共同代理关系下的各种问题才有意义，但是学者研究的重点一直没有放在这个问题上，而是直接跳过这一问题研究共同代理关系确定后的问题。

　　对于共同代理的机制设计问题，较早的是 Lars Stole（1991），它研究的是存在逆向选择的共同代理的机制设计问题。这篇论文基于单一委托人单一代理人多任务的研究成果（Holmtrom and Milgrom，1991）来分析共同代理下的机制设计问题。论文的结论是，当存在逆向选择时，如果委托人的任务是相互替代的，那么高能力的代理人将会付出他最优的努力水平，而低能力的代理人将付出较少的努力，而且委托人的竞争会使低能力的代理人更加减少其付出的努力。

　　在研究共同代理的机制设计问题时，David Martimort 和

Lars Stole（1993）发现，在共同代理框架下，由于代理人拥有的私人信息不再仅仅是自身内生的信息，还包括委托人行动（激励合同）的外生信息，所以，在复杂的共同代理问题下显示原理失效，委托人不能利用直接机制对代理人进行激励。论文还提出解决这一问题的一种方法：委托人可以给代理人提供激励机制的选择菜单，这样一来，代理人会根据其他委托人的激励机制在菜单中选择最优机制。论文证明了在一个一般的共同代理问题中，委托人只需要设计一个激励机制的选择菜单就可以实现对其他委托人的激励机制做出反应。同样研究显示原理失效的问题，Larry G. Epstein 和 Michael Peters（1999）同意 Martimort 和 Stole（1993）的观点：在共同代理下，显示原理失效。论文同样也认为，导致显示原理失效的原因是在共同代理下代理人不仅拥有其自身类型的私人信息，还拥有其他委托人行动的信息（市场信息）。这篇论文提出解决这一问题的方法是：将市场信息与代理人的私人信息绑定，这样一来，委托人设计的能使代理人真实报告信息的机制就可以看作直接显示机制。但是，由于这个方法的实用性不强，Michael Peters（2001）又提出可以利用"税收原理"解决共同代理下显示原理失效的问题。税收原理，是指在传统单一委托代理框架下，所有的激励机制都与委托人给代理人的选择菜单中的一个机制等价，这个选择菜单就是代理人给委托人提供不同信息时的结果的综合。论文证明了在一定条件下，税收原理再多委托人的共同代理框架中也适用。对显示原理失效的原因及解决办法做出比较全面和系统研究的是 David Martimort 和 Lars Stole（2002），它在 Martimort

和 Stole（1997）的基础上更明确、全面地提出了在复杂的共同代理框架下显示原理失效的原因：首先，代理人可能与某一个委托人合谋，代理人可能把其他委托人的策略报告给这个委托人；其次，代理人可能说谎，代理人向委托人报告虚假的信息。论文还基于 Peters（2001）的"税收原理"提出了"授权原理"来解决显示原理是小的问题。授权原理可以说是显示原理的逆原理，它是指从非直接显示机制出发设计一个"选择菜单"并授权代理人选择，即用选择菜单代替所有的非直接显示机制。

（三）把静态模型扩展为动态模型的研究

Dirk Bergemann 和 Juuso Välimäki（1998）首次将 Bernheim 和 Whinston（1985）中的静态模型扩展为动态模型。论文提出在共同代理框架下有很多问题是涉及多阶段的动态博弈，这是因为代理人在第一阶段选择行动，而行动对委托人的影响可能发生在第二阶段或更往后的阶段，例如政府制定政策是瞬时的，但政策的影响是长远的。由于这种动态性会影响代理人和委托人的收益，所以动态下的共同代理的均衡与静态时完全不同。论文提出了一个新的概念——边际贡献均衡，它是指在这个均衡点上，每个委托人获得的收益等于他对代理人与委托人实现长期合作做出的贡献，跨阶段的收益结构就是通过边际贡献均衡来分析的。之后，Bergemann 和 Juuso Välimäki 将动态共同代理的分析框架应用在寡头间的价格竞争和动态拍卖等领域，具体见第二部分理论应用。

（四）对共同代理框架下均衡结果存在性的研究

对共同代理均衡结果的研究一直以来都是共同代理理

论研究中很重要的一部分，有很多文献研究了不同设定下共同代理模型的均衡结果的存在性，因此学者对这一问题的研究是比较成熟和全面的。本书只综述了几篇比较新的研究成果。

Gabriella Chiesa 和 Vincenzo Denicolò（2009）研究的是完全信息下共同代理模型中均衡结果的特征。论文研究的是这样一类完全信息共同代理：代理人的选择是一个 N 维向量，表示代理人与每个委托人交易的产品数量；委托人首先向代理人提供合同描述产品数量和价款，然后代理人选择与每个委托人交易的产品数量。当假设委托人提供的是真实的承诺（合同）时，Bernheim 和 Whinston（1985）已经证明了均衡的有效性，而且 Bergemann 和 Välimäki（2003）证明了均衡点上每个委托人会获得他对社会福利的边际贡献。而在合同无限制的情况下，这篇论文证明了在适当的管制条件下均衡配置仍然是有效的，但是对于均衡收益的结构和均衡策略没有一个一般性的结论。

Guilherme Carmona 和 Jose' Fajardo（2009）研究的是，存在逆向选择的共同代理模型中均衡结果的存在性。论文证明了在一般菜单合同共同代理博弈中子博弈完美纳什均衡存在。论文的结论是：每一个菜单合同共同代理博弈中，只要具有足够的连续性，那么一定存在一个子博弈完美纳什均衡；如果不满足连续性的条件，一般是因为缺少代理人的连续最优决策。

David Martimort 和 Lars Stole（2009b）研究的是除开已有文献关注的真实纳什均衡之外的均衡结果。在完全信息下，Bernheim 和 Whinston（1986a）认为，应该重点关注那些真实纳什均衡，因为在这些均衡中每一个委托人提供的报酬结构反映他对代理人决策的边际偏好。但是，论文提出以下疑问：第一，能不能找到其他的均衡结构并且仍然是有效的？这些可选择的均衡对委托人的收益特征有什么影响？第二，假设那些可选择的均衡对报酬分布又很显著的影响，那么能不能找到可以利用那些均衡的合理理由？如果可以的话，会有什么样的推论？论文证明了在完全信息下可选择的其他均衡结构要比真实均衡结构更平滑，均衡收益与真实均衡的收益一致。更有趣的是，某些信息的不对称不会显著改变那些可选择均衡的斜率，也不会改变收益。

David Martimort 和 Lars Stole（2012）研究的是共同代理总量博弈的总量均衡的特征。总量博弈是指每一个参与者的收益不仅是他自己策略的函数，也是所有参与者策略总和的一个总量函数，古诺产量博弈就是总量博弈的一个典型例子。论文提出如果对策略空间结构、总量与每个参与者的策略在收益函数中的关系做出额外的假设，那么总量博弈的均衡存在性和比较静态特征都能够得到。也就是说，为了获得更强的结果，已有的文献都把注意力局限为有限维的策略空间的总量博弈上，甚至是一维的策略空间。当收益具有一个准线性结构并且有一定的对称性时，本书构建了一个自发的基于总策略空间的最大化问题，它的特点是该均衡与原始的 n 个参与者的博弈均衡的总和一致。论文证明了在无限维的策略空间共同代理博弈中这种方法也是适用的，并且证明了这类博弈中均衡的存在性，描述了存在逆向选择和道德风险时均衡的特征。

(五) 共同代理下委托人合作程度的研究

Bernheim 和 Whinston（1985）的经典结论是当委托人和共同代理人签约存在正的外部性时，委托人合作是更有利的，但是委托人应该确定一个怎样的合作程度呢，是完全合作还是部分合作？对于这一问题，Trond E. Olsen 和 Gaute Torsvik（1995）首先提出共同代理下委托人要对合谋利益和棘轮效应做出权衡来决定合作的最优程度。论文同意 Bernheim 和 Whinston（1985）的结论，同时论文也提出分散的代理程度会削弱激励，使代理人不会期待未来会有更多的信息租从而降低棘轮效应，而集中的代理会使棘轮效应更加严重。因此，委托人只有权衡共同代理下合谋的利益与棘轮效应才能选择最优的合作程度。这篇论文是从高度的合作会导致棘轮效应恶化从而降低企业收益的角度解决委托人最优合作程度的选择问题。

Kevin Siqueira（2001）不是研究委托人对最优合作程度的选择，而是分析了委托人的局部合作（小众组织）是否对均衡结果有影响。论文将共同代理的基本模型进行改进，研究了两种情况下的均衡：第一种是假设所有的委托人（无论是否合作）都同时且独立地行动；第二种是假设委托人中最小的合作组织拥有先行动的优势。论文的结论是：在第一种情况下，除了代理人的努力和激励增加之外，局部合作只能使委托人对组织观点屈服；在第二种情况下，不仅组织中的委托人得到更好的收益，而且代理人的努力和激励也是帕累托有效的。这就证明了，当存在一个策略性优势时，委托人的局部合作提高了均衡的有效性。

关于委托人合作程度的研究也是一个比较重要的问题，

类似于棘轮效应，还有很多其他的因素会影响委托人合作的效率。也就是说，当考虑到这些因素时，委托人之间不再是合作程度越高越好，而是需要确定一个最优的合作程度。但是，学者对这一问题的研究还是比较欠缺的。

（六）研究共同代理框架下，委托人激励机制相互依据的问题

这类问题是基于"授权原理"解决"显示原理"失效而引申的新的研究方向，因为授权原理要求委托人向代理人提供一个合同菜单，而这个合同菜单是根据其他委托人的合同设计的，然而其他委托人的合同也是根据除他之外的委托人的合同设计的，这样一来，委托人的合同就出现了相互依据、无限循环的状态。Michael Peters 和 Balázs Szentes 对这一类问题做了比较多的研究。

根据这一思想 Michael Peters（2003）构建了两类共同代理模型，并简单地比较了它们的均衡：一类是委托人通过单一的激励合同来竞争，代理人要么接受要么拒绝；另一类是委托人向代理人提供合同菜单，最终的合同是通过协商确定的，即委托人能够通过代理人对其他委托人合同的决策做出反应。论文证明了第一类模型的纯策略均衡比第二类模型的均衡要强，而且当假设无外部性时，第二类模型的任何纯策略均衡配置都可以通过竞争在第一类模型中实现。比较深入研究这一问题的是 Michael Peters 和 Balázs Szentes（2012），他针对委托人激励机制的可依据性提出了可定义的合同和可合同化的合同的概念。论文分析了这样一个一般形式的贝叶斯博弈：参与者提供的合同中可以设定他们的行动依据其他参与者的合同而定，即合同

是依据其他合同制定的（可定义的合同、可合同化的合同），论文的结论是可合同化的合同更有利于实现参与者之间的合作。

最近的一篇文章是 Balázs Szentes（2014），它假设委托人需要根据代理人报告的信息（存在逆向选择）和其他委托人提供的合同（合同相互依据）来制定自己的合同，也就是说，这篇论文在 Michael Peters 和 Balázs Szentes（2012）的基础上又加入了逆向选择的问题。论文只分析了排他性交易环境下的均衡，即代理人只能至多与一个委托人签约，结论是：委托人会通过合谋来实现垄断产出，但是，一般情况下，均衡合同是不完全的，即一个合同只是确定委托人的行动空间而不能具体确定一个行动。

（七）研究委托人与代理人连续签约的共同代理问题

对共同代理的传统研究都是假设委托人同时与代理人签约，但现实中有很多情况下委托人不是同时与代理人签约，而是先后连续地与代理人确定委托代理关系，这种共同代理称为"连续共同代理"。与传统的共同代理不同，连续共同代理会出现新的信息不对称问题，因此连续共同代理下的均衡结果也会不同，Giacomo Calzolari 和 Alessandro Pavan 的一系列文章就对这些问题做了研究。

Giacomo Calzolari 和 Alessandro Pavan（2006）研究了当两个委托人先后与同一个代理人签约时，先签约的委托人是否会向后签约的委托人泄露信息（包括先签约委托人提供的合同以及代理人的决策）的问题。在连续共同代理中，后签约的委托人提供的合同要受这些信息的影响。本书证明当满足以下三个条件时先签约的委托人最优的选择是为代理人保持全部的隐私，即先签约的委托人不会向后签约的委托人泄露任何信息：第一，先签约的委托人不是单纯的个人对后面的交易感兴趣；第二，代理人对前后交易的产品的估值是正相关的；第三，在后签约的交易关系中偏好是可分离的。相反，如果上面三个条件有一个不满足时，先签约的委托人选择泄露信息的行动是严格占优的，即使后签约的委托人不为信息支付任何费用。论文还考察了泄露信息对社会福利的影响，结果显示泄露信息并不一定会降低代理人在这两笔交易中获得的总收益，甚至在某些情况下可能得到一个帕累托改进。

Giacomo Calzolari 和 Alessandro Pavan（2008）研究了当代理人与委托人连续签约时委托人提供合同菜单对均衡结果的影响。这里与一般设定不同的是，委托人向代理人提供的不是单一的合同而是合同菜单，论文证明在连续签约共同代理下，当委托人提供的是合同菜单时，不能得到委托人提供单一合同时的均衡结果。进一步地，Alessandro Pavan 和 Giacomo Calzolari（2009）研究了连续签约共同代理博弈的均衡结果的特征。论文首先提出连续签约博弈的特点：第一，代理人拥有的私人信息不仅包括它的内生私人信息，还有外生的信息，包括先签约委托人提供的激励机制以及代理人的决策；第二，委托人应该把代理人选择的那些非均衡合同纳入它的机制中，目的是惩罚造成偏差的其他委托人。论文首先证明了当签约是保密的时，那么所有的精练的贝叶斯纳什均衡结果都可以通过纯策略结果描述出来，其中委托人提供合同菜单并授权代理人选择。论文还证明了在多数情况下，均衡结果的特点是委托人被限制提供激励相容扩展的直接机制，而代理人报告与其先签约合同相关的外生决定和它的内生私人信息。

（八）共同代理下委托人合作的影响研究，包括对合作额外收益的分配问题、合作对监督的影响

Bernheim 和 Whinston（1985）证明在共同代理下委托人合谋会获得额外的收益，Avinash Dixit、Gene M. Grossman 和 Elhanan Helpman（1997）则研究了这个额外收益的分配问题。论文将模型应用于公共金融分配的问题中，得到的结论是：委托人合作能获得最优的总收益，但委托人在分配总收益时的内部竞争会使他们陷入"囚徒困境"，而代理人会从中获益。简单地说，共同代理下委托人的合谋是有效的，但委托人之间的收益分配是无效的。

针对 Bernheim 和 Whinston（1985）提出的在共同代理下委托人合作最优的结论，Fahad Khalila、David Martimortb 和 Bruno Parigi（2007）研究了委托人之间的合作会对委托人的监督强度造成的影响。论文证明：当委托人协调或认同彼此对代理人的监督效果时（委托人合作程度较高），会出现权益类合同和过度的监督；相反，如果委托人不合作时，"搭便车"行为会使监督激励弱化，此时会出现很低的支付水平、负债类合同以及很低的监督强度。也就是说，合作会使监督强度变大，降低"搭便车"的风险。

二　理论在现实中的应用

自 1985 年 B. Douglas Bernheim 和 Michael Whinston 首次提出"共同代理"的概念至今已有 30 年，大批学者对共同代理理论的发展和完善做出了重要的贡献，在共同代理理论框架下的很多问题也已经有了比较成熟的研究体系，研

究成果也为广大学者普遍接受。在共同代理框架中，委托人和代理人之间存在信息不对称的问题已经得到比较深入和全面的研究，存在逆向选择、道德风险的共同代理的均衡结果和激励机制的设计问题也已经有比较成熟的研究体系。而且共同代理分析框架已经广泛应用在多个研究领域内，例如，产品生产销售领域、政府政策制定、拍卖、跨国公司的管制等，可以说，共同代理理论已经逐步成为分析这一类经济问题的一个非常有效的、高频使用的一般性的工具。

经济社会中共同代理问题非常普遍，从最开始被关注到的产品市场上多个生产厂商选择同一个分销商，再到其他市场如货币市场、劳动力市场、金融市场等，甚至在各种经济社会活动中都存在大量的共同代理关系，例如政府在制定各种政策时会受不同集团的影响、拍卖中拍卖人同时面对多个竞拍人、一个跨国公司会受到多个国家的管制等。因此，学者们开始把共同代理理论研究成果应用在这些问题的分析中，得到了很多有意义的结论也解决了很多的现实问题。另外，在实际问题中的广泛应用也大大地促进了共同代理的理论研究，使研究方向更加丰富，研究框架更接近现实。本节综述了近几年比较热门的应用领域和成果。

(一) 在产品 (或服务) 生产销售领域中的应用

Roman Inderst 和 Marco Ottaviani (2010, 2012) 研究了生产厂商之间通过向共同代理商佣金的竞争。论文证明了生产厂商有激励支付给中间人高额的佣金，目的是影响其为消费者提供的购买建议，而且佣金的影响作用非常大。

Claude d'Aspremont 和 Rodolphe Dos Santos Ferreira（2010）将产品市场上寡头的竞争放在一个完全信息的共同代理框架下分析，其中委托人是提供差异化产品的厂商，代理人是一个代表性的消费者。论文对均衡进行了参数化，它是基于一个与所有委托人参与和激励能力的约束条件相关的拉格朗日乘子得到的，论文用它来描述了内在博弈和非内在博弈均衡的特征。

Dirk Bergemann 和 Juuso Välimäki（2006）将动态共同代理框架的理论研究成果应用于产品市场上的动态价格竞争。论文考察了一个买方和多个卖方在动态交易环境下的 Bertrand 价格竞争，模型假设每一笔交易可以依据之前进行的交易确定，所以模型中涵盖了"干中学""消费惯性"等概念。

（二）在政府部门政策制定中的应用

Avinash Dixit（1997）提出要把政府部门看作一个共同代理人，多个选区作为委托人，运用共同代理理论研究多个委托人之间互动如何导致激励的弱化，即政府部门为什么总是表现不佳。

Michelle R. Garfinkel 和 Jaewoo Lee（2000）把不同的游说团体看作多个委托人，政策制定的作为共同代理人，分析可靠性和政策性激励的局限性，证明了政府机构作为共同代理人也许能部分缓解由可靠性问题引发的无效率。

Tapio Palokangas（2009）研究了一个经济体中生产厂商和工人作为两个游说集团对政府管制政策制定的影响。论文的结论是在一个政策性均衡中，小的经济体会取消产品市场的管制，但是大的经济体会取消劳动力市场的管制。

David Martimort 和 Aggey Semenov（2008）研究了两个偏好两极分化的组织通过支付货币性报酬来影响一个主观决策者的行为。这个决策者制定一项政策并拥有其主观想法的私人信息，因此可以看作是委托人与代理人存在信息不对称的共同代理模型。论文证明当决策者的主观性存在太大的不确定性时，这两个组织会停止向他支付货币性的报酬。

M. Socorro Poy（2000）研究了两个政党之间竞争一个财团的财政支持，这个财团对政策走向具有明显的偏好，每个政党为了获得财政支持都向财团提供一个政策议案，财团决定是否接受这些议案。论文证明在一定程度上，这种政党之间的竞争类似于 Bertrand 竞争，均衡结果是只有一个政党能获得财政支持。这个结果与 Grossman 和 Helpman（1996）的结果不同，他们的结果是两个政党都能获得财政支持，这是因为他们假设的是财团向政党提出议案。

最近，更多的学者应用共同代理模型分析这一类的问题。Louis Jaeck 和 Sehjeong Kim（2016）的一篇工作论文应用共同代理模型分析了政策的制定如何受利益集团的影响。

（三）在拍卖中的应用

Bernheim 和 Whinston（1986b）研究了多个出价人（委托人）向拍卖人（共同代理人）提供一个出价菜单时博弈的均衡结果的存在性及有效性。运用 Bernheim 和 Whinston 的理论研究成果，论文证明了在菜单拍卖博弈中，一个精练的纳什均衡总是存在的，并且它是有效的。

Gary Biglaiser 和 Claudio Mezzetti（2000）研究了一个激励性的拍卖，其中多个委托人为一个代理人的排他性服务出价，每个委托人拥有服务对它的价值的私人信息，代理人拥有其提供服务造成的负效用。论文描述了这个拍卖的均衡结果并考察了代理人显示其类型信息的动力。论文证明在这种拍卖下代理人付出的努力水平比已知代理人类型的标准拍卖要小，但比传统单一委托人单一代理人模型要大。

Dirk Bergemann 和 Maher Said（2010）提出了两类动态拍卖模型：一类是买方的数量随时间变动但他们的私人信息保持不变；另一类是买方的数量不变但他们的私人信息随时间变动。论文分别讨论了这两类动态拍卖的有效机制（福利最大化）和最优机制（收益最大化）。

（四）在跨国公司中的应用

Eric W. Bond 和 Homas A. Gresik（1996）把在不完全成本信息（交易税）下跨国企业受多个政府最优管制的问题作为存在逆向选择的共同代理问题进行分析。通过分析竞争政府之间的博弈，论文得到了均衡的交易税（最优的管制），并证明政府之间的非合作行为不仅会降低政府总的福利水平而且还会降低跨国企业的收益。

Giacomo Calzolari（2004）研究了两个国家对跨国公司管制的问题。论文证明跨国公司会更倾向于有利于那个在公司收益上下更大赌注的国家，并且两个国家管制的连接会降低产出的非均衡效应。论文还分析了跨国公司的游说决策以及它对每个国家管制的影响，最后证明了跨国公司对管制强的国家做出离开的可置信威胁能使企业获得更大的收益。

（五）在金融市场上的应用

Bruno Biais、David Martimort 和 Jean – Charles Rochet

（2000）应用共同代理理论研究了存在逆向选择的金融市场上的不完全竞争，把流动性的供给方作为委托人，一个风险中性的资金需求方作为共同代理人，它拥有其资产价值和分散风险需求的私人信息。均衡结果显示流动性的供给方会设定正的溢价而且做出正的预期收益，但是这些收益随竞争者数量增加而减少。

值得肯定的是，共同代理分析框架已经广泛应用在多个研究领域内，并且也已经取得了一定的研究成果。可以说，共同代理理论已经逐步成为分析这一类经济问题的一个非常有效的、高频使用的一般性的工具。就目前来说，主流的研究方向还是共同代理理论成果在实际问题中的应用，但是我们希望能够通过对现实问题的分析反过来丰富理论的发展，实现双向的进步。

第三节　本书研究的侧重点与已有研究的不同之处

一　本书与已有共同代理理论的不同之处

共同代理理论的研究是从 B. Douglas Bernheim 和 Michael Whinston（1985，1986a）开创性地给出"共同代理"的定义以及构建经典的基本模型之后开始的。在 Bernheim 和 Whinston 的研究基础之上，学者们开始慢慢设计贴近现实的理论模型试图解释更为复杂的情况，研究内容涵盖了均衡结果的存在性及特征分析、激励机制的设计、代理方式的选择、委托人合作程度的研究、合谋收益的分配研究等。但是在共同代理理论中并没有研究共同代理身份信息的重要性。本书旨在对 Bernheim 和 Whinston 构建的基本模型进行扩展。扩展的思路是，本书认为共同的代理人具有两方面的信息优势：一方面是自身成本的私人信息优势，这一点与基本模型中的不对称信息的内容是一致的；另一方面是代理人作为"共同代理人"的信息优势，我们把它称为"双重身份"信息优势。当委托人和代理人之间存在"双重身份"的信息不对称时，委托人没有条件进行共谋，那么委托人和代理人的纳什均衡策略是什么？是不是存在部分委托人与代理人之间的共谋？委托人如何设计激励机制，是依赖显性激励还是依赖长期的隐性激励？

现实中，这种共同代理人的双重身份隐蔽的情况很普遍，比如商界中的职业间谍、私家侦探等。当多个委托人同时但独立地（背对背地）与同一代理人签订合约时，代理人知道与之签约的所有委托人，但各个委托人之间却不一定知道彼此的存在，也就是说"双重身份"这一信息也属于代理人的一类私人信息。"双重身份"信息不对称在现实生活中普遍存在，例如夫妻两人同时独立地委托了同一个私家侦探替他们收集对方的私密，但夫妻两人在与侦探签订合约时肯定不知道这个侦探还跟对方签订了合约，而这个私家侦探却知道这一情况。在商业市场上，存在很多专门从事机密信息收集的商业间谍，他们也很有可能同时成为多家竞争企业的代理人。基本模型以及之后的一些研究成果都没有考虑到"双重身份"这一信息的不对称性对共同代理产生的影响。因此，研究这类问题有很重要的意义。

委托人和代理人关于身份信息的不对称会导致怎样的后果，会对各自的均衡收益产生什么样的影响。因此，本书要研究的共同代理问题主要侧重于存在身份信息隐蔽的共同代理人的情况下，共同代理人和委托人如何选择行动，即是否会改变初始身份信息的不对称程度，共同代理人和委托人是否能实现串谋，串谋对均衡收益的影响是怎样的，这才是本书研究共同代理侧重点。

二　将共同代理与分工理论相结合

已有的共同代理理论认为共同代理的出现是因为共同代理具有规模经济，他们并没有意识到还有一种更直接、更简单的方式能够导致共同代理普遍化，那就是分工细化。这一点也不难理解，当分工越来越细化时，一个主体不能靠自己完成所有的工作时，它必然会寻找代理人，当越来越多的委托代理关系出现时，不可避免地共同代理也会出现，本书上面提到的身份信息隐蔽的共同代理人更容易出现。

学界中也将劳动分工和委托代理关系放在一起进行研究，就是企业一体化这一领域，即企业纵向一体化。由于社会分工可能会大大地增加交易费用，这种交易费用不仅包括产业链上每个环节所剥离的利润，还包括环节之间的委托代理费用。所以，企业纵向一体化是为了减少产业链的环节从而减少交易费用而出现的。也就是说，企业纵向一体化是把社会分工细化转移到企业内部，减少产业链上的委托代理关系。

但是，本书要研究的问题是顺社会分工的，即纵向分工细化而不是纵向一体化，因为纵向分工细化使委托代理关系出现，当身份隐蔽的共同代理人出现时，问题就回到了上面所提到的方向上，即委托人和代理人关于身份信息的不对称会导致怎样的后果，会对各自的均衡收益产生什么样的影响。也就是说，分工细化的存在会对均衡产生什么影响，靠市场力量的分工细化能不能使均衡更有效？也就是说，本书要研究的分工不是传统意义的分工对生产效率的提高问题，而是分工这种市场力量能不能使市场本身更有效率，本书具体研究的是分工细化能不能解决"囚徒困境"和市场失灵问题，这才是本书研究分工的侧重点。

第三章 共同代理的一个重要信息
——身份信息

第一节 一个金融市场上的案例

为了界定本书要研究的三个重要概念——分工细化、共同代理以及串谋,更加形象地描述本书所研究的这三个概念与传统意义上的含义之间的不同之处,在这一节首先介绍一个金融市场上的案例。

金融市场上的一个案例——物流金融服务

物流金融服务是一种新兴的物流增值服务,它是利用金融衍生工具使物流行业产生价值增值,从而给中小企业提供融资的一种创新服务。物流与金融的这种新型合作模式加深了两者之间的合作,通过特殊的风险共担和利益分享机制来降低信用风险,这种模式具有巨大的商业活力和良好的商业前景。国内外很多的银行已开始探索物流金融服务创新,目前,我国物流金融业务在物流业相对发达的珠三角、长三角以及环渤海已经得到迅猛的发展,也有越来越多的中小企业开始尝试物流金融服务,希望通过物流金融运作来改善其融资困境。

在物流金融服务中，参与的主体有金融机构、融资企业（中小企业）和物流企业。其中金融机构是指以商业银行为主的，能够提供资金供给的机构。融资企业是指物流金融服务的服务对象，主要是指信用级别低、可抵押资产少、难以得到大企业担保的面临资金紧张、融资困难的中小企业。物流企业是指在物流金融服务中对质押物（买卖交易的商品）提供物流服务和资产管理服务的企业，它还负责为融资企业和金融机构交换各种商品买卖信息和资金流动信息。物流金融服务的功能就是在协助买卖双方商品供需匹配之后的商品流通和资金结算活动能够更有效率地完成。从买卖双方供需匹配开始，物流企业协助买卖双方进行货物的传递，不断地向银行提供商品货物交易流程传递的实时信息，而且不断地向买卖双方提供银行对于该商品交易应该收入或支付的价金结算与保险信息，银行获得信息之后可以确认买卖双方交易是否顺利进行，并提供买卖双方或是物流企业的信贷资金取得。

从物流金融服务的运作过程中可以看出，物流企业是金融机构和融资企业的共同代理人（中间人），因为有了物流企业作为第三方存在，融资企业获得了银行贷款授信，改善了企业融资的困境；同时，金融机构也将闲置资金运作起来。因为物流金融服务，物流企业、融资企业以及金融机构都找到了各自新的利润增长点，实现了共赢。

但是，在物流金融服务中，物流企业、金融机构和融资企业三个主体之间存在严重的信息不对称问题。由于不了解融资企业的私人信息，金融机构和物流企业可能面临很多风险，如融资企业造假违约、不提供真实商品交易信息等行为。这些都属于委托代理关系下的逆向选择和道德风险问题。但是，还有一类风险是物流企业与融资企业可能会合谋欺骗金融企业，这就是本章要研究的"串谋"问题。在物流金融服务中，金融机构不直接参与商品买卖的过程，也并不与融资企业直接接触，其获得的商品交易信息完全是从物流企业那里获得的，因此在金融机构、物流企业和融资企业的共同代理关系下是存在本章提出的"身份信息不对称"情况的，而且当物流企业与融资企业的串谋发生时，金融机构并不能发现它们之间的串谋，这样金融机构的利益会受到挤压甚至金融机构会遭受严重的经济损失。这种情况在现实中也是时常发生的，这种串谋行为的存在会严重影响金融机构提供物流金融融资服务的积极性，它是物流金融服务的不断发展的重大阻碍。因此，需要找到有效的措施来避免物流企业与融资企业之间的串谋，保持物流金融服务的健康发展。本章通过理论研究，在第六章中即提出了阻止串谋发生的措施。

第二节　分工细化的界定

本章提出，还有一种导致共同代理普遍化的原因就是分工越来越细化。本章提出分工细化能使共同代理关系出现其实并不难理解。当分工越来越细化时，一个主体不能靠自己完成所有的工作时，它必然会寻找代理人，当越来越多的委托代理关系出现时，不可避免的共同代理也会出现。但是，并不是所有的分工细化都会导致共同代理关系的出现，本章会将分工区分为横向分工细化和纵向分工细化，并指出横向分工细化并不能导致共同代理关系的出现，而只有纵向分工细化才会导致共同代理关系的出现。

一　亚当·斯密对劳动分工的定义

亚当·斯密的代表作《国民财富的性质和原因的研究》开篇即强调劳动分工（division of labor）对经济增长的决定性作用，他从个体的技术提升或者节约劳动时间的角度研究分工如何提高劳动生产效率。斯密把分工看作人类特有的现象，因为它产生于人类特有的"要求相互交换这个倾向"。劳动分工依次取决于斯密所谓的市场的范围（extent of market）与资本的积累。市场越大，可销售的数量越多，劳动分工的机会就越多。另外，有限的市场只允许有限的分工。劳动分工受到资本积累的限制，原因在于生产过程是耗时的：在生产开始和成品的最终销售之间有一个时间间隔。

在一个简单经济体中，每个家庭生产其消费所需的全部产品，劳动分工是微小的，在生产过程中，要求用很小的资本来维持劳动力。随着劳动分工的增加，劳动者不再为其自身的消费生产产品，在耗时的生产过程期间，必须保持一定的消费品储备来维持劳动者。这一定数量的产品来自储蓄，即斯密所谓的资本。因此，可以使用劳动分工的生产过程的范围，受到可利用的资本积累数量的限制。因而，斯密断定："因为数量积累理所当然地先于劳动分工，所以，劳动分工只能随着此前积累的越来越多的储蓄而越来越细分。"

二 横向分工细化和纵向分工细化的界定

由于交换媒介——货币的出现,以及信息网络的发达,几乎所有的市场都被连接起来。无论在产品市场、劳务市场、服务市场或者金融市场上,人们都可以将自己消费不了的自己劳动生产物的剩余部分换成货币,然后很容易地再随意换得自己需要的别人劳动生产物的剩余部分。可以说,由于市场交换能力的大大提高,现代社会的分工也越来越细,出现了多种新型的分工形式。从原来对产品、劳务或服务的粗略分工到现在的越来越细的分工,例如生产鞋子的企业有的专门生产皮鞋、有的专门生产布鞋、有的专门生产运动鞋等;从原来的产销一体到现在的产销分工,甚至在生产、销售环节内还涉及多级分工,例如轮胎的产销链条可能包括初级产品生产企业、半成品生产企业、产成品生产企业、批发商、零售商等。本章就从这一角度定义一组分工的类型:横向分工细化、纵向分工细化。

随着经济的发展、科技的进步,人们由最开始追求生存的目标逐渐转变为追求个性化,即符合自己的最大满意度。由于每个个体都是有差异的,包括外在的差异(身高、体重、性别、年龄等)和内在的差异(性格、爱好、受教育程度等),每个个体的追求也是有差异的,因此市场上必须有差异化的产品才能满足每个个体的最大满意度。就这样,横向分工细化就产生了,可以说,它是社会发展进步的结果。所谓"横向分工细化"是指生产或提供可替代但存在差异化的产品或服务的劳动分工如前面提到的一个例子,生产鞋子的企业横向分工越来越细,以满足不同消费者的差异性需求。简单地理解,横向分工细化使产业链条横向的分工越来越细。

所谓"纵向分工细化"则是指产业链条在纵向上的分工细化。纵向分工细化产生的原因要用罗纳德·科斯的企业理论来解释。科斯在1937年发表的论文"公司的性质"中解释了公司为什么会产生，科斯的企业理论通常被总结为：在配置资源的组织机构选择上，企业和市场是相互替代的，其边界取决于企业边际交易成本与市场边际交易成本相等这个条件。用科斯的企业边界理论就可以解释纵向分工细化，当一个企业不能把产、销（或其中的多个环节）都纳入其中时，就会出现纵向分工细化。

第三节　共同代理身份信息的界定

共同代理是委托代理关系的一种特殊形式，经济学家研究生产厂商为什么会选择共同代理方式、共同代理有哪些优势，委托人在共同代理下如何设计激励机制，以及共同代理对委托人竞争和社会福利会产生什么样的影响等一系列的问题。B. Douglas Bernheim 和 Michael Whinston（1985，1986a）开创性地给出了"共同代理"的定义：当个人（代理人）的行为选择影响了多个参与人（委托人）的收益结构时，那么这个代理人成为这些多个委托人的共同代理人，他们之间的关系叫作共同代理关系。Bernheim 和 Whinston 回答了两个问题：第一，委托人总的均衡激励方案是否有效？第二，均衡中委托人和代理人选择了什么行动？在此研究的基础上，学者开始慢慢设计贴近现实的理论模型试图解释更为复杂的情况，研究内容涵盖了均衡结果的存在性及特征分析、激励机制的设计、代理方式的选择、委托人合作程度的研究、合谋收益的分配研究等。

本章界定了共同代理人的身份信息，它是指共同代理人同时作为多个委托人的代理人这一信息。身份信息不对称是指委托人可能不了解他的代理人同时也是其他多个竞争的委托人的代理人。当存在身份信息不对称时，对于信息的优势方，共同代理人知道自己同时是多个竞争的委托人的代理人；对于信息劣势方，委托人不知道自己的代理人是共同代理人，他们认为自己与代理人的关系是单一委托代理关系。

在共同代理分析框架中，基本模型假设委托人与代理人签订合同是公共信息，每个委托人都能观察到其他委托人签约的代理人，这样就不存在身份信息的问题了。但是，在现实社会中，这种强假设是不能实现的，例如职业间谍的身份信息就是保密的，因此对身份信息的研究非常重要也非常有意义。本章界定的共同代理的特殊性就在于存在共同代理人身份信息不对称的问题。

第四节　串谋的界定

一　卡特尔（Cartel）

正式地勾结在一起共同运作的一群企业被称为卡特尔，它谋取利益的通常做法是限制其成员的产量以抬高价格。迄今为止，世界上最著名的卡特尔当数 OPEC（石油输出国组织)。卡特尔的形式主要有:价格卡特尔、数量卡特尔、销售条件卡特尔、技术卡特尔和辛迪加。卡特尔是一种公开的串谋行为,它是被市场上所有主体都能知悉的。

二 合作博弈中的"联盟"(Coalition)

合作博弈中的"联盟",是指存在具有约束力的协议时每个参与者根据自己的利益与其他部分的参与者组成的小集团。联盟是合作的最直接表现,参与者组成联盟并实现联盟利益的最大化,这是参与者的集体理性。当然,参与者组成联盟也必须满足个体理性,即参与者从联盟分到的利益不能低于它自己能保证的最低收益。可以说,联盟是合作的载体。合作博弈中的联盟是参与人在博弈开始前通过协商所达成的具有约束力的合作方式,它不需要得到联盟之外的其他参与人的同意。

三 本章界定的串谋

本章界定的串谋是指共同代理人利用身份信息不对称的优势,与某一委托人(或多个委托人)合作,共同改变所有委托人收益结构的行为。串谋实现的前提条件是存在身份信息不对称。本章界定的串谋是在身份信息不对称下实现的,串谋实现的收益也是不对称信息的信息租。

本章界定的串谋,与卡特尔和合作博弈中的"联盟"相同的是,它们都是参与人为了实现个体收益最大化而组成一个整体的行为。但是,这里的串谋与卡特尔和合作博弈中的"联盟"是有很大区别的,主要有以下几点区别:

(1)串谋是一种隐蔽的行为,共同代理人与委托人串谋是不被其他委托人所知道的。显然地,卡特尔是公开的串谋行为,合作博弈中的"联盟"也是公开的。

（2）串谋发生的前提条件是存在身份信息不对称。也就是说，本章分析的是存在身份信息不对称时共同代理人是否会与委托人串谋。但是，卡特尔和联盟都是参与人通过协商就可以实现的，并没有实现的前提条件。

（3）串谋实现的收益本质就是信息租，因为串谋源于身份信息不对称。但是，卡特尔和联盟的收益来源方式很复杂，并不单一，而且它们可能会创造收益。

第五节 分工细化的一个结果：委托代理关系出现

一 纵向分工细化下的委托代理关系

本章第二节定义了一组新的分工类型：横向分工细化和纵向分工细化。从本质上看，横向分工细化的结果无非是使产品、劳务或服务的种类增加，每个个体按需索求，通过货币进行交换，分工的本质没有改变，交换双方之间也没有新的关系出现。但是，在纵向分工细化下交换双方可能会建立新的关系：委托代理关系。在某种产品或服务的供应链中上游企业与下游企业之间可能存在委托代理关系，当纵向分工越细化，在这个供应链中就存在越多级的委托代理关系。值得注意的是，纵向分工细化并不一定会产生委托代理关系。举一个例子说明：某种产品的生产厂商 A 决定与批发商 B 签订分销合同，采取的分销方式是代销（B 不承担产品的风险，且 B 不为 A 垫付货款；B 把全部销售货款支付给 A，A 只给 B 一个服务费），在这种情况下A和B之间存在委托代理关系；如果采取的分销方式是经销（B先购买A的产品，产品的所有权和风险都由A转移到B，B再销售并取得所有销售货款），在这种情况下A和B之间只是一种交换关系，并不存在委托代理关系。纵向分工细化能够产生委托代理关系的特征是：上游企业（委托人）的收益（或效用）要受下游企业（代理人）行动的影响，上面例子中，如果分销方式是代销，A的收益要受B的销售行为的影响；如果分销方式是经销，A的收益已确定，不受B的销售行为的影响。

二 纵向分工细化下的共同代理关系

委托代理关系可以简单地分为四种类型：单一的委托代理关系（Ross，1973）、共同代理关系（B. Douglas Bernheim and Michael Whinston，1985，1986）、扩展的委托代理关系（Myerson，1982）和复杂的多边委托代理关系（Epstein and Peters，1999）。单一的委托代理关系是指一个委托人和一个代理人之间的委托代理关系；共同代理关系涉及多个委托人和一个代理人；扩展的委托代理关系涉及一个委托人和多个代理人；复杂的多边委托代理关系涉及多个委托人和多个代理人。

纵向分工细化产生的委托代理关系可以包含上面的四种类型。根据委托代理关系的不同，本章对纵向分工细化进行分类。本章应用"供应链"这一词形象地代表纵向分工细化。如果某一个供应链中所有级的委托代理关系都是单一的委托代理关系，那么称这类供应链为"无交叉的供应链"；否则，称供应链为"有交叉的供应链"，交叉点就是共同代理人或共同委托人。本章先试图研究并比较两种纵向分工细化：一种是无交叉的供应链；另一种是交叉点为共同代理人的有交叉的供应链。

无交叉的供应链，委托代理关系是单一的，形象地说，可以把它看作一条绳子，它没有与任何其他的绳子打结。把无交叉的供应链看作一个整体的话，供应链上的每个企业都是并且仅是这个整体的一部分。无交叉的供应链在竞争时，可以看作两个整体之间的竞争，每个企业的行动既影响其所在供应链的整体收益（或效用），又影响其他供应链的整体收益（或效用），但每个企业都是独立做出行动的，它们的行动不受其他企业的影响。这种竞争本质上就是传统的"非合作博弈"：每个参与人独立地做出决策，每个参与人的收益（或效用）要受所有参与人决策的影响。多个无交叉的供应链进行竞争时，每个供应链上的企业作为一个整体与其他供应链进行博弈，然后供应链内部再按照委托代理合同分配整体收益。

交叉点为共同代理人的有交叉的供应链（以下简称为有交叉的供应链），至少有一级的委托代理关系是共同代理关系。也就是说，这条绳子与另外一条（或多条）绳子在某一个部位打结，结点就是共同代理人，它的委托人有多个且分别在不同的绳子上。与无交叉的供应链不同的是，这两条（或多条）交叉的供应链不能再看作两个（或多个）独立的整体了。这是因为结点处的企业（共同代理人）可能会改变多个供应链上其他企业的行为（基于代理人的道德风险），也可能会改变这多个供应链的收益结构。因此，多个交叉的供应链竞争时，可能会改变传统非合作博弈的结果。

第六节　身份隐蔽的共同代理下串谋的出现

一　串谋发生的必要条件

本章第四节中定义的串谋是指共同代理人利用身份信息不对称的优势，与某一委托人（或多个委托人）合作，共同改变所有委托人收益结构的行为。串谋实现的前提条件是存在身份信息不对称。串谋发生的两个必要条件是：一是共同代理人为获得额外的信息租而将不对称的身份信息"出卖"给信息劣势方（一个或多个委托人）；二是由信息劣势方变为信息优势方的委托人（以下简称"劣转优的委托人"）"收买"共同代理人。只有同时满足这两个条件，串谋才会发生，委托人的收益结构才会改变。很明显，串谋是一个双方行为，只有共同代理人和参与串谋的委托人都有所"作为"时，串谋才会发生。而且，"作为"是有先后顺序的，共同代理人在先，参与串谋的委托人在后。

如前所述，串谋的发生需要两个必要条件：一是共同代理人有动力"出卖"外生信息；二是"劣转优的委托人"有动力"收买"共同代理人。根据完全理性的假设，共同代理人是否有动力"出卖"身份信息取决于身份信息是否能给共同代理人带来额外的信息租；"劣转优的委托人"是否有动力"收买"共同代理人取决于串谋后的收益结构对"劣转优的委托人"来说是否优于串谋前的收益结构。由于串谋发生的两个必要行动是有先后顺序的，可以用逆向归纳法来分析。首先，如果串谋后的收益结构对

"劣转优的委托人"来说优于串谋前的收益结构，那么"劣转优的委托人"有动力"收买"共同代理人，但前提是共同代理人"出卖"身份信息；这样一来，共同代理人"出卖"身份信息能获得额外的信息租，因为"劣转优的委托人"希望获得这些信息。相反，串谋后的收益结构相比于串谋前没有优化，那么"劣转优的委托人"没有动力"收买"共同代理人，也就没有动力获得外生信息，即使共同代理人"免费出卖"身份信息；这样一来，共同代理人不可能通过"出卖"身份信息获得额外的信息租，它也就没有动力"出卖"身份信息了。综上所述，可以得出结论：当串谋后的收益结构对"劣转优的委托人"来说优于串谋前的收益结构时，串谋发生；否则，串谋不发生。

二　串谋对均衡结果的影响

当串谋发生时，委托人（或者说所有在共同代理人处交叉的供应链）的收益结构改变。一般情况下，共同代理人的报酬包括劣势委托人（一直处于信息劣势方的委托人）支付的报酬、"劣转优的委托人"支付的额外信息租以及"收买"共同代理人支付的报酬；"劣转优的委托人"的收益是串谋后的收益扣除其支付给共同代理人的费用（包括额外信息租和"收买"共同代理人的报酬）；劣势委托人的收益是串谋后的收益扣除其支付给共同代理人的报酬。与不发生串谋的竞争结果相比，共同代理人和"劣势转优势的委托人"收益都增加了，劣势委托人的收益减少了。但整体收益是否增加不能确定。在所有可能串谋的情况下，各个参与人的平均收益是否增加也不能确定。但是，发生串谋的情况很复杂，类型也很多，因此串谋对均衡结果的影响也是不一样的,要具体情况具体分析。

第七节 本章小结

本章第一节先介绍一个金融市场上的案例,目的是更加直观地引出本章要研究的三个重要概念——分工细化、共同代理以及串谋,更加形象地描述本章所研究的这三个概念与传统意义上的含义之间的不同之处。

本章第二节定义了一组新的分工类型:横向分工细化和纵向分工细化。从本质上看,横向分工细化的结果无非是使产品、劳务或服务的种类增加,每个个体按需索求,通过货币进行交换,分工的本质没有改变,交换双方之间也没有新的关系出现。但是,纵向分工细化下交换双方可能会建立新的关系:委托代理关系。在某种产品或服务的供应链中上游企业与下游企业之间可能存在委托代理关系,当纵向分工越细化,在这个供应链中就存在越多级的委托代理关系。第三节界定了共同代理人的身份信息,它是指共同代理人同时作为多个委托人的代理人这一信息。身份信息不对称是指委托人可能不了解他的代理人同时也是其他多个竞争的委托人的代理人。第四节界定了身份信息不对称下的串谋是指共同代理人利用身份信息不对称的优势,与某一委托人(或多个委托人)合作,共同改变所有委托人收益结构的行为。串谋实现的前提条件是存在身份信息不对称。本章界定的串谋是在身份信息不对称下实现的,串谋实现的收益也是不对称信息的信息租。

本章第五节和第六节分别说明了存在身份信息不对称下的共同代理关系下串谋出现的条件以及串谋对委托人收益结构的影响。

至此，本章已经从理论上阐述了纵向分工细化导致共同代理关系的出现，以及在存在身份信息不对称的情况下串谋出现的基本逻辑。

第四章 存在身份信息不对称的共同代理框架下的串谋问题

第一节 身份信息不对称的界定

一 共同代理理论中关于信息不对称的研究综述

较早研究信息不对称问题的文献是 Esther Galor (1991),它研究了当委托人不了解代理人成本信息时共同代理是否仍然有效的问题。论文提出当共同代理具有其代理成本的私人信息时,委托人可能无法准确设定给代理人的信息租(激励合同)。当委托人的信息劣势足够大直至超过合谋的优势时,委托人选择独立代理(排他性交易)会比共同代理更有利。这篇论文是在 Bernheim 和 Whinston (1985, 1986a) 的基本模型上进行的扩展:将完全信息扩展为不完全信息。论文提出委托人与代理人的信息不对称会使共同代理方式存在劣势,此时,委托人需要权衡共同代理方式的优势和劣势(委托人合谋获得额外收益与委托人可能支付更高的信息租)来确定选择共同代理是否仍然有效。

进一步地,Gary Biglaiser 和 Claudio Mezzetti 对委托人和

代理人之间的信息不对称进行了细化：委托人存在垂直差异和水平差异。委托人的垂直差异化是指委托人对代理人能力的认识是不同的，而且代理人的能力水平是代理人的私人信息；委托人的水平差异化是指代理人对不同委托人给予的任务具有不同的产出能力，而且这是代理人的私人信息。Gary Biglaiser 和 Claudio Mezzetti（1993）研究的是委托人存在垂直差异的共同代理问题。论文还有一个重要的假设是代理人同一单位的投入对不同委托人的平均产出和边际产出是不同的。因此，在能力水平的中间段，委托人的竞争是最激烈的（呈正态分布）。论文研究了当同时存在逆向选择和道德风险时，对竞争激烈的能力水平中间段，委托人是如何设计激励合同、代理人如何选择委托人以及努力水平的。均衡结果显示：委托人将相同的混合合同提供给处于能力水平中间段的委托人；所有的代理人都提供一个固定的努力水平，得到相同的货币回报，并且委托人得到零收益；当只有一个委托人时，低能力代理人的努力水平要高于高能力代理人的努力水平，但是低能力代理人的回报可能低于高能力代理人的回报。Claudio Mezzetti（1997）研究的是委托人存在水平差异的共同代理问题。当委托人给予的任务是互补的时，均衡结果显示：首先，委托人选择共同代理比选择独立代理有两个优势。第一，对于互补的两项任务，共同代理能创造更多的盈利；第二，共同代理获得补偿性激励从而降低了它的信息租。其次，委托人合作是最优的，这是因为合作能使委托人从代理人那里提取更多的租，而且当代理人对某项任务具有明显的优势时，合作对委托人来说更有利。这两篇论文研究的信息不对称问题与 Galor（1991）研究的信息不对称内容虽略有不同，但研究的问题是相同的，这两篇论文的创新点就是从委托人的角度复杂化了信息不对称的类型，丰富了 Galor（1991）的研究。

与前面的研究都不同的是，Claudio Mezzetti 和 Theofanis Tsoulouhas（2000）研究了当委托人处于信息优势而代理人处于信息劣势时的共同代理问题。论文假设委托人具有关于其类型的私人信息，代理人在签约之前可以进行信息收集，目的是将委托人的类型进行区别。论文提出只有当委托人在代理人拒绝初始合同之后还能修改合同时，委托人的类型才能实现完美的分离；但矛盾的是，当委托人提供的初始合同不能修改时，代理人才会从中受益。这篇论文的假设也符合一些现实情况，研究结果也具有一定的现实意义，并丰富了信息不对称下共同代理问题的研究。

自 1985 年 Bernheim 和 Whinston 首次提出"共同代理"的概念至今已有 30 年，大批学者对共同代理理论的发展和完善做出了重要的贡献，在共同代理理论框架下的很多问题也已经有了比较成熟的研究体系，其中包括委托人与代理人之间存在信息不对称的问题。本章对共同代理理论中关于信息不对称的研究成果分为两大类，分类依据是信息的类型：

第一类是研究内生信息不对称的成果。内生信息是指代理人的代理成本信息、能力水平信息，或委托人拥有的关于其自身的私人信息。这类研究的成果主要有 Esther Galor（1991）、Gary Biglaiser 和 Claudio Mezzetti（1993）、Claudio Mezzetti（1997）、Claudio Mezzetti 和 Theofanis Tsoulouhas（2000）。Esther Galor（1991）研究了当委托人不了解代理人成本信息时共同代理是否仍然有效的问题。Gary Biglaiser 和 Claudio Mezzetti（1993）研究的是委托人存在垂直差异的共同代理问题。Claudio Mezzetti（1997）研究的是委托人存在水平差异的共同代理问题。Claudio Mezzetti 和 Theofanis Tsoulouhas（2000）研究了当委托人处于信息优势而代理人处于信息劣势时的共同代理问题。

第二类是研究外生信息不对称的成果。共同代理理论研究的外生信息是指共同代理人所掌握的每个委托人的行动信息，具体表现为委托人为共同代理人提供的激励合同。David Martimort 和 Lars Stole（1993）发现在共同代理框架下，由于代理人拥有的私人信息不再仅仅是自身内生的信息，还包括委托人行动（激励合同）的外生信息，所以，在复杂的共同代理问题下显示原理失效，委托人不能利用直接机制对代理人进行激励。Larry G. Epstein 和 Michael Peters（1999）、Michael Peters（2001）提出可以利用"税收原理"解决共同代理下显示原理失效的问题。David Martimort 和 Lars Stole（2002）全面地提出了在复杂的共同代理框架下显示原理失效的原因：首先，代理人可能与某一个委托人合谋，代理人可能把其他委托人的策略报告给这个委托人；其次，代理人可能说谎，代理人向委托人报告虚假的信息。论文还基于 Peters（2001）的"税收原理"提出了"授权原理"来解决显示原理是小的问题。

共同代理理论对内生信息不对称问题研究比较深入，但对外生信息不对称问题没有深入地研究，仅仅是为了证明在共同代理框架下显示原理失效，并没有对这类信息不对称可能产生的结果进行分析。

二 本章研究的身份信息不对称

在纵向分工细化下形成的共同代理关系，也就是前面提出的有交叉的供应链共同代理关系中，委托人和共同代理人之间可能存在以下两类信息不对称：

第一类是内生信息不对称。这类信息不对称与共同代理理论中已经深入研究的内生信息不对称是一样的。委托人可能不了解代理人的成本信息、能力水平信息等私人信息，或者代理人可能不能获悉委托人的一些内生私人信息。根据阿克洛夫的研究，这类信息不对称一般会导致逆向选择和道德风险的结果。

第二类是外生信息不对称。这个外生信息与共同代理理论中研究的外生信息不同，它既包括行动信息，也包括身份信息。行动信息是指共同代理人掌握着他的每个委托人的行动信息，它与共同代理理论研究的外生信息一致。

本章的重点是界定身份信息。如前所述，身份信息是指共同代理人同时作为多个委托人的代理人这一信息。身份信息不对称是指委托人可能不了解他的代理人同时也是其他多个竞争的委托人的代理人。当存在身份信息不对称时，对于信息的优势方，共同代理人知道自己同时是多个竞争的委托人的代理人；对于信息劣势方，委托人不知道自己的代理人是共同代理人，他们认为自己与代理人的关系是单一委托代理关系。这类信息不对称没有出现在共同代理理论中，这是因为在共同代理分析框架中假设委托人与代理人签订合同是公共信息，每个委托人都能观察到其他委托人签约的代理人，这样就不存在身份信息不对称的问题了。但是，在现实社会中，共同代理人身份隐蔽的现象是十分普遍的，例如职业间谍的身份信息就是保密的。

还有几个需要说明的概念：

第一，初始身份信息状态（初始信息不对称程度），它是指在委托人和共同代理人行动之前，他们对身份信息的了解程度，比如行动前只有共同代理人知道其共同代理人身份、所有的委托人都不知道身份信息；或者行动前共同代理人和一部分委托人知道身份信息，另外一部分委托人不知道身份信息。对初始身份信息状态进行假设并研究不同的初始身份信息状态对最终均衡结果的影响具有重要的意义。在本章第三节中，对这个问题进行了分析并得到了可靠的结论。

第二，最终身份信息状态，它是指在共同代理人和委托人行动之后身份信息最终是实现对称的状态还是一直保持不对称的状态。最终身份信息状态会反映发生的串谋并且会反映最终的均衡结果。

第三，改变身份信息状态的行动，它是指拥有初始身份信息的优势方将身份信息传递给没有身份信息劣势方的行动。通过这一行动，初始信息状态会发生改变，行动结束后信息状态会变为最终身份信息状态。主体对行动的选择是基于完全理性的假设。

第二节　存在身份信息不对称的一个博弈互动模型

在本节中，构建了一个博弈互动模型，目的是研究存在身份信息不对称的共同代理框架下委托人或共同代理人最优行动的选择，串谋出现的条件、串谋对均衡结果的影响，以及初始信息状态对均衡结果是否产生影响。本章对存在信息不对称的共同代理模型化，构建共同代理人与两个委托人（敌对的主体）之间的博弈互动模型。

探讨当存在以下信息不对称的情况时（假设有两个委托人、一个代理人），委托人和代理人的均衡策略问题：

第一种情况，所有委托人都不知道代理人的"双重身份"；

第二种情况，一个委托人知道代理人的"双重身份"，但另一个委托人不知道代理人的"双重身份"；

第三种情况，所有委托人都知道代理人的"双重身份"。

假设代理人与委托人的合同是一次性的，而且代理人不考虑未来的因素时，讨论代理人的行为选择，以及委托人的激励设计。本节拟以 Bernheim 和 Whinston（1986）基本模型及 Galor（1991）的模型为基础构建模型。

一 初始身份信息状态及行动集假设

本节构建的博弈模型很简单，即在一个经济中存在两个相互对立的委托人 A、B，以及一个巨大的代理人群体。A、B 从这个代理人群体中选择自己的代理人。假设委托人 A、B 给予代理人的任务是获取对方的情报。在这里，我们不会具体化地获取情报的内容，仅仅假设如果某个委托人获得了对方委托人的情报，那么它能够从中获利而且对方会遭受损失。如果 A、B 都选择 S 作为其代理人，此时可能存在三种初始信息状态：第一，A、B 在与代理人 S 签订合同时都不知道 S 是共同代理人，这种情况可能是 A、B 非常巧合地独立地选择了同一个代理人 S；第二，A 或 B 有一方知道 S 是共同代理人，而另一方不知道 S 是共同代理人，这种情况可能是 A 或 B 知道对方与 S 签订合同而故意也与 S 签订合同；第三，A 和 B 都知道 S 是共同代理人，这种情况可能是 A 和 B 都知道对方要与 S 签订合同。这三种信息状态只是各主体（A、B、S）行动前的一个初始信息状态，它不能决定各主体的均衡收益，只有当拥有身份信息的主体采取其分配信息的行动之后，最终的信息状态才能决定委托人和代理人的均衡收益。

首先，我们对 S 的行动集进行假设。S 知道自己是"共同代理人"，它既可以选择保密，也可以选择告诉 A、B 其中一方，还可以选择告诉 A、B 两方。所以，我们把 S 的行动集描述为（不合谋）、（与 A 合谋）、（与 B 合谋）以及（与 A、B 合谋）。假设如果 S 只告诉一个委托人其"共同代理人"的身份时，它还会告诉这个委托人对方不知道 S 的"共同代理人"身份。如果 S 告诉 A、B 双方其身份信息时，那么 S 就掌握了"委托人知道了 S 的身份"这类信息，它可以选择保密，也可以选择告诉其中一方，还可以选择告诉双方。因此要把行动（与 A、B 合谋）细分为（与 A、B 合谋，保密）、（与 A、B 合谋，告诉 A）、（与 A、B 合谋，告诉 B）、（与 A、B 合谋，告诉 A、B）。综上所述，假设 S 的行动集合为 {（不合谋）、（与 A 合谋）、（与 B 合谋）、（与 A、B 合谋，保密）、（与 A、B 合谋，告诉 A）、（与 A、B 合谋，告诉 B）、（与 A、B 合谋，告诉 A、B）}。需要说明的是，这里的行动集很复杂，共同代理人与委托人串谋的实现需要同时满足两个条件：一是共同代理人告诉委托人其共同代理人的身份信息；二是共同代理人告诉委托人另一委托人所知道的信息。也就是说，S 选择（与 A、B 合谋，告诉 A）代表 S 与 A 串谋，S 选择（与 A、B 合谋，告诉 B）代表 S 与 B 串谋，S 选择（与 A、B 合谋，告诉 A、B）代表 S 同时与 A 和 B 串谋。

然后，我们对 A、B 的行动集进行假设。当 A 知道 "A 已经知道 S '共同代理人' 的身份" 这一信息，或者当 B 知道 "B 已经知道 S '共同代理人' 的身份" 这一信息时，A、B 的行动很简单，就是保密或者告诉 S。所以，A 的行动集合是 ｛（保密）、（告诉 S）｝，B 的行动集合也是 ｛（保密）、（告诉 S）｝。

二 最终信息状态结果的统计

我们把三种初始信息状态下委托人和代理人采取不同行动后所有可能的最终信息状态的结果总结为以下十一种：

（1）A、B 都不知道 S 的 "共同代理人" 身份；

（2）A 知道 S 的 "共同代理人" 身份，B 不知道 S 的 "共同代理人" 身份；S 知道 A 已经知道 S 的 "共同代理人" 身份，B 不知道 A 已经知道 S 的 "共同代理人" 身份；

（3）A 不知道 S 的 "共同代理人" 身份，B 知道 S 的 "共同代理人" 身份；S 知道 B 已经知道 S 的 "共同代理人" 身份，A 不知道 B 已经知道 S 的 "共同代理人" 身份；

（4）A 知道 S 的 "共同代理人" 身份，B 知道 S 的 "共同代理人" 身份；B 不知道 A 已经知道 S 的 "共同代理人" 身份，S 知道 A 已经知道 S 的 "共同代理人" 身份，A 不知道 B 已经知道 S 的 "共同代理人" 身份，S 知道 B

已经知道 S 的"共同代理人"身份；

（5）A 知道 S 的"共同代理人"身份，B 知道 S 的"共同代理人"身份；B 不知道 A 已经知道 S 的"共同代理人"身份，S 知道 A 已经知道 S 的"共同代理人"身份，A、S 知道 B 已经知道 S 的"共同代理人"身份；

（6）A 知道 S 的"共同代理人"身份，B 知道 S 的"共同代理人"身份；B、S 知道 A 已经知道 S 的"共同代理人"身份，A 不知道 B 已经知道 S 的"共同代理人"身份，S 知道 B 已经知道 S 的"共同代理人"身份；

（7）A 知道 S 的"共同代理人"身份，B 知道 S 的"共同代理人"身份；B、S 知道 A 已经知道 S 的"共同代理人"身份，A、S 知道 B 已经知道 S 的"共同代理人"身份；

（8）A 知道 S 的"共同代理人"身份，B 不知道 S 的"共同代理人"身份；S、B 都不知道 A 已经知道 S 的"共同代理人"身份；

（9）A 知道 S 的"共同代理人"身份，B 知道 S 的"共同代理人"身份；B、S 不知道 A 已经知道 S 的"共同代理人"身份，A 不知道 B 已经知道 S 的"共同代理人"身份，S 知道 B 已经知道 S 的"共同代理人"身份；

（10）A 知道 S 的"共同代理人"身份，B 知道 S 的"共同代理人"身份；B、S 不知道 A 已经知道 S 的"共同代理人"身份，A、S 不知道 B 已经知道 S 的"共同代理人"身份；

（11）A 知道 S 的"共同代理人"身份，B 知道 S 的"共同代理人"身份；B 不知道 A 已经知道 S 的"共同代理人"身份，S知道A已经知道S的"共同代理人"身份，A、S不知道B已经知道S的"共同代理人"身份。

三 博弈描述及博弈结果分析

用博弈语言描述这个模型如下：第一，身份信息的拥有者选择行动；第二，根据行动后最终信息的状态，A、B分别选择其支付给S的报酬π_A、π_B；第三，S根据A、B支付的报酬选择报告情报的行动，A、B选择其对S报告的情报的态度；第四，A、B和S净收益的确定。

本节描述的博弈问题属于一个三阶段的不完全信息且不完美的动态博弈问题。动态博弈是指博弈参与人（player）的行动是有先后顺序的；不完美信息是指后行动的参与人不能够完全观察到前面参与人的行动；不完全信息是指所有的参与人对效用函数的信息是不对称的。

本节描述的博弈中第一个阶段是身份信息的拥有者选择行动，行动之后的结果是初始信息状态变为最终信息状态，值得注意的是，当拥有身份信息的参与者不止一个时，这又是一个静态博弈互动模型；第二个阶段是A和B分别选择支付给S的报酬π_A、π_B，其中A和B不一定都是博弈的参与人；第三个阶段是S选择报告情报的行动，A和B选择对报告的态度，行动结束后每个博弈参与人和非参与人的均衡收益确定。

由于第一阶段可能是一个静态博弈，那么我们首先应该分析第一阶段的结果，上面在第二部分中我们已经得到了在三种初始信息状态下，各主体采取不同的行动之后所有可能出现的最终信息状态的结果。接下来对动态博弈的分析，我们使用的方法是逆向归纳法（backward induction）。逆向归纳法是求解动态博弈均衡最常用的方法，它是从博弈的最后一个阶段开始分析，逐步向前归纳出各阶段博弈参与人的选择策略，最后得到均衡结果。

第一步，计算每种最终信息状态下各主体（A、B、S）的均衡收益。

我们把 S 能够选择的报告情报的行动描述为集合：｛（真、真）、（真、假）、（假、真）｝。其中（真、真）表示 S 向 A、B 都报告其认为真实的情报；（真、假）表示 S 向 A 报告其认为真实的 B 的情报，S 向 B 报告其伪造的虚假的 A 的情报；（假、真）表示 S 向 A 报告其伪造的虚假的 B 的情报，S 向 B 报告其认为真实的 A 的情报。S 选择行动所遵守的规则是：如果 $\pi_A > \pi_B$，S 选择行动（真、假）；如果 $\pi_A < \pi_B$，S 选择行动（假、真）；如果 $\pi_A = \pi_B$，S 选择行动（真、真）。有一种情况除外，如果 A、B 都不知道 S 的"共同代理人"身份时，即 S 实质上是 A、B 的独立代理人，S 选择行动（真、真）。S 的行动规则是公共信息。

假设 S 获得委托人 A、B 的情报所花费的成本都是 c_0。当某一委托人知道其他委托人已经知道 S 的"共同代理人"身份时，该委托人出于谨慎的考虑，会要求 S 鉴定其获得的其他委托人的情报的真实性。为了简化问题，我们假设 S 一定能够鉴别出虚假的情报并且 S 还能够再通过各种手段获得其他委托人真实的情报，假设这个过程所需的成本是 c_1，很显然，$c_1 > c_0$。但是，如果当委托人或者 S 不知道其他委托人已经知道 S 的"共同代理人"身份的话，该委托人不会要求 S 鉴别其获得的其他委托人情报的真实性，而是完全相信它是真实的。此时，如果其他委托人故意让 S

获得虚假的情报，S 还是会把它当作真实的情报报告给该委托人。还要假设当 S 选择报告虚假情报的行动时，其伪造虚假情报的成本为 0。

假设委托人和代理人签订的合同是短期的，即我们只考虑一期的情况。假设 A、B 获得对方的情报真实性的组合情况以及相应的收益如表 4-1 所示。

表 4-1 中的数字组合描述的是 A、B 在各种情况下获得的没有扣除代理成本的总收益。

表 4-1　　A、B 获得对方的情报真实性的组合情况以及相应的收益

A \ B	获得真实的 B 的情报	没有获得 B 的情报	获得虚假的 B 的情报
获得真实的 A 的情报	(0, 0)	($-\pi$, π)	(-2π, 2π)
没有获得 A 的情报	(π, $-\pi$)	(0, 0)	($-\pi$, π)
获得虚假的 A 的情报	(2π, -2π)	(π, $-\pi$)	(0, 0)

我们还要做一个很重要的假设，就是关于 A、B 对 S 报告的情报的态度（相信还是不相信）。假设当 A、B 都知道对方已经知道 S 的"共同代理人"身份时，A、B 都不会相信 S 提供的任何情报，虽然它们有可能是真的；其他情况下，A、B 都会相信 S 提供的情报，虽然它们有可能是假的。我们做这样的假设是符合现实的，在知道对方已经知道 S 的"共同代理人"身份之前，委托人可能自己本身也不知道 S 的"共同代理人"身份或者委托人知道 S 的身份但此时委托人与 S 合谋，目的就是利用 S 提供的情报，所以委托人会完全相信 S 提供的情报。但一旦委托人知道对方已经知道 S 的"共同代理人"身份之后，委托人知道对

方也会通过增加支付给 S 的报酬试图让 S 提供给自己虚假的情报,由于信息不对称,委托人没办法知道对方提供的报酬,所以它不能确定 S 提供的情报是否是真实的,所以委托人宁愿选择不相信。

我们分别分析十一种不同最终信息状态下委托人和代理人的均衡收益,结果如表 4-2 所示。

表 4-2 十一种不同最终信息状态下委托人和代理人的均衡收益

	S 的均衡净收益	A 的均衡净收益	B 的均衡净收益
1	$\pi_{A0} + \pi_{B0} - 2c_0$	$-\pi_{A0}$	$-\pi_{B0}$
2	$\pi_{A1} + \pi_{B0} - c_0$	$2\pi - \pi_{A1}$	$-2\pi - \pi_{B0}$
3	$\pi_{A0} + \pi_{B1} - c_0$	$-2\pi - \pi_{A0}$	$2\pi - \pi_{B1}$
4	$\begin{cases} \pi_{A1} + \pi_{B1} - 2c_0, \pi_{A1} = \pi_{B1} \\ \pi_{A1} + \pi_{B1} - c_0, \pi_{A1} \neq \pi_{B1} \end{cases}$	$\begin{cases} 2\pi - \pi_{A1}, \pi_{A1} > \pi_{B1} \\ -\pi_{A1}, \pi_{A1} = \pi_{B1} \\ -2\pi - \pi_{A1}, \pi_{A1} < \pi_{B1} \end{cases}$	$\begin{cases} -2\pi - \pi_{B1}, \pi_{A1} > \pi_{B1} \\ -\pi_{B1}, \pi_{A1} = \pi_{B1} \\ 2\pi - \pi_{B1}, \pi_{A1} < \pi_{B1} \end{cases}$
5	$\pi_{A2} + \pi_{B1} - c_1$	$2\pi - \pi_{A2}$	$-2\pi - \pi_{B1}$
6	$\pi_{A1} + \pi_{B2} - c_1$	$-2\pi - \pi_{A1}$	$2\pi - \pi_{B2}$
7	$\begin{cases} \pi_{A0} + \pi_{B0} - 2c_0, \pi_{A0} = \pi_{B0} \\ \pi_{A0} + \pi_{B0} - c_0, \pi_{A0} \neq \pi_{B0} \end{cases}$	$-\pi_{A0}$	$-\pi_{B0}$
8	$\pi_{A0} + \pi_{B0} - 2c_0$	$2\pi - \pi_{A0}$	$-2\pi - \pi_{B0}$
9	$\pi_{A0} + \pi_{B1} - c_0$	$-\pi_{A0}$	$-\pi_{B1}$
10	$\pi_{A0} + \pi_{B0} - 2c_0$	$-\pi_{A0}$	$-\pi_{B0}$
11	$\pi_{A1} + \pi_{B0} - c_0$	$-\pi_{A1}$	$-\pi_{B0}$

第二步,分析三种初始信息状态下,委托人和代理人的最优行动。

1. 第一种初始信息状态是 A、B 独立地选择了同一个代理人 S

在这种情况下,私人信息的拥有者是 S,S 选择不同行动后可能出现的信息状态是第1—7，我们需要找到Max $\{\pi_{S1}、\pi_{S2}、\pi_{S3}、\pi_{S4}、\pi_{S5}、\pi_{S6}、\pi_{S7}\}$，就可以得到S的最优行动。

从表4-2的结果中我们发现π_{S5}和π_{S6}都大于Max $\{\pi_{S1}、\pi_{S2}、\pi_{S3}、\pi_{S4}、\pi_{S7}\}$。因为A、B为S提供的报酬都是抽象的且独立的，所以第5种和第6种信息状态下S的收益没办法比较。导致第5种信息状态发生，S选择的行动是（与A、B合谋，告诉A）；导致第6种信息状态发生，S选择的行动是（与A、B合谋，告诉B）。我们发现，这两个行动是对称的，不影响均衡结果。

我们得到结论：当A、B独立地选择了同一个代理人S时，S是"S是共同代理人"这一私人信息的拥有者，S的最优行动是：告诉A、B其"共同代理人"的身份，但是只告诉其中一方"对方已经知道S'共同代理人'的身份"。均衡收益为：$\pi_{S5} = \pi_{A2} + \pi_{B1} - c_1$；$D_{A5} = 2\pi - \pi_{A2}$；$D_{B5} = -2\pi - \pi_{B1}$ 或者 $\pi_{S6} = \pi_{A1} + \pi_{B2} - c_1$；$D_{A6} = -2\pi - \pi_{A1}$；$D_{B6} = 2\pi - \pi_{B2}$。

2. 第二种初始信息状态是A或B其中一方知道S的"共同代理人"身份

在这种情况下，私人信息的拥有者是S和A，他们选择不同行动后可能出现的信息状态是第2、4、5、6、7、8、9，我们需要找到Max $\{\pi_{S2}、\pi_{S4}、\pi_{S5}、\pi_{S6}、\pi_{S7}、\pi_{S8}、\pi_{S9}\}$，就可以得到S的最优行动，同样地，我们需要找到Max $\{D_{A2}、D_{A4}、D_{A5}、D_{A6}、D_{A7}、D_{A8}、D_{A9}\}$，就可以得到A的最优行动。

从表4-2的结果中我们发现，π_{S5}和π_{S6}都大于Max

$\{\pi_{S2}、\pi_{S4}、\pi_{S7}、\pi_{S8}、\pi_{S9}\}$，与第一种情况相同，第二种情况中 S 的最优行动仍然是（与 A、B 合谋，告诉 A）或者（与 A、B 合谋，告诉 B）。而且，我们发现不管 A 采取什么行动，S 的最优行动始终能实现 S 的净收益最大化。所以，在第二种情况中从表 4-2 中（与 A、B 合谋，告诉 A）或者（与 A、B 合谋，告诉 B）是 S 的占优策略。我们发现 D_{A8}，大于 Max $\{D_{A2}、D_{A4}、D_{A5}、D_{A6}、D_{A7}、D_{A9}\}$，所以在这种情况下 A 的最优策略是（告诉 S）。

我们得到结论：当 A 知道 S 的"共同代理人"身份时，S 和 A 是"S 是共同代理人"这一私人信息的拥有者，A 是"A 已经知道 S 的'共同代理人'身份"这一私人信息的拥有者，S 的最优行动是：告诉 A、B 其"共同代理人"的身份，但是只告诉其中一方"对方已经知道 S'共同代理人'的身份"，A 的最优行动是告诉 S"A 已经知道 S 的'共同代理人'身份"。均衡收益为：$\pi_{S5} = \pi_{A2} + \pi_{B1} - c_1$；$D_{A5} = 2\pi - \pi_{A2}$；$D_{B5} = -2\pi - \pi_{B1}$ 或者 $\pi_{S6} = \pi_{A1} + \pi_{B2} - c_1$；$D_{A6} = -2\pi - \pi_{A1}$；$D_{B6} = 2\pi - \pi_{B2}$。

3. 第三种初始信息状态是 A 和 B 都知道 S 的"共同代理人"身份

在这种情况下，A、B、S 都有私人信息。他们选择不同行动后可能出现的信息状态是第 4、5、6、7、9、10、11，我们需要找到 Max $\{\pi_{S4}、\pi_{S5}、\pi_{S6}、\pi_{S7}、\pi_{S9}、\pi_{S10}、\pi_{S11}\}$，就可以得到 S 的最优行动，同样地，我们需要找到 Max $\{D_{A4}、D_{A5}、D_{A6}、D_{A7}、D_{A9}、D_{A10}、D_{A11}\}$，就可以得到 A 的最优行动，我们需要找到 Max $\{D_{B4}、D_{B5}、D_{B6}、D_{B7}、D_{B9}、D_{B10}、D_{B11}\}$，就可以得到 B 的最优行动。

从表 4-2 的结果中我们发现 π_{S5} 和 π_{S6} 都大于 Max $\{\pi_{S4}$、π_{S7}、π_{S9}、π_{S10}、$\pi_{S11}\}$，与第一种情况相同，第三种情况中 S 的最优行动仍然是（与 A、B 合谋，告诉 A）或者（与 A、B 合谋，告诉 B）。同样我们也发现不管 A、B 采取什么行动，S 的最优行动始终能实现 S 的净收益最大化。也就是说，在第三种情况下（与 A、B 合谋，告诉 A）或者（与 A、B 合谋，告诉 B）仍然是 S 的占优策略。我们发现 D_{A4}，大于 Max $\{D_{A5}$、D_{A6}、D_{A7}、D_{A9}、D_{A10}、$D_{A11}\}$，第三种情况中 A 的两个行动选择（保密）和（告诉 S）都可能使 A 实现净收益最大化。我们发现 D_{B6} 大于 Max $\{D_{B4}$、D_{B5}、D_{B7}、D_{B9}、D_{B10}、$D_{B11}\}$，第三种情况中 B 的两个行动选择（保密）和（告诉 S）也都可能使 B 实现净收益最大化。

我们得到结论：当 A 和 B 都知道 S 的"共同代理人"身份时，S、A 和 B 是"S 是共同代理人"这一私人信息的拥有者，A 是"A 已经知道 S 的'共同代理人'身份"这一私人信息的拥有者，B 是"B 已经知道 S 的'共同代理人'身份"这一私人信息的拥有者，S 的最优行动是：告诉 A、B 其"共同代理人"的身份，但是只告诉其中一方"对方已经知道 S '共同代理人'的身份"，A、B 可以选择任意行动。均衡收益为 $\pi_{S5} = \pi_{A2} + \pi_{B1} - c_1$；$D_{A5} = 2\pi - \pi_{A2}$；$D_{B5} = -2\pi - \pi_{B1}$ 或者 $\pi_{S6} = \pi_{A1} + \pi_{B2} - c_1$；$D_{A6} = -2\pi - \pi_{A1}$；$D_{B6} = 2\pi - \pi_{B2}$。

四 本节结论

（一）串谋的结果、串谋对均衡结果的影响

在存在身份信息不对称的博弈互动模型中，共同代理人可能的最优分配信息的行为选择有两个：（与 A、B 合谋，告诉 A）、（与 A、B 合谋，告诉 B）。这两者对于共同代理人而言是等价的，但对于委托人则不是等价的。

在本模型中，代理人根据 $\pi_{S5} = \pi_{A2} + \pi_{B1} - c_1$ 和 $\pi_{S6} = \pi_{A1} + \pi_{B2} - c_1$ 大小比较决定到底选择与哪一个委托人进行串谋。当 $\pi_{S5} > \pi_{S6}$，那么共同代理人 S 选择与 A 串谋，此时 A、B 的均衡收益分别为 $D_{A5} = 2\pi - \pi_{A2}$ 和 $D_{B5} = -2\pi - \pi_{B1}$；当 $\pi_{S5} < \pi_{S6}$，那么共同代理人 S 选择与 B 串谋，此时 A、B 的均衡收益分别为 $D_{A6} = -2\pi - \pi_{A1}$ 和 $D_{B6} = 2\pi - \pi_{B2}$。

结论是：串谋会发生，而且共同代理人只会选择与一个委托人发生串谋，共同代理人和参与串谋的委托人获得更多的收益，而没有参与串谋的委托人的利益受损。委托人的均衡收益仅与他们支付给共同代理人的报酬相关，委托人给共同代理人的报酬越高，共同代理人越倾向于与该委托人串谋，该委托人就越有可能获得较高的均衡收益；反之，委托人会承受较高的损失。

（二）初始身份信息状态对均衡结果的影响

通过分析模型的结果，我们发现了一个现象：无论初始信息状态如何，代理人总是选择这样的策略：告诉所有两个委托人其"共同代理人"的身份，但是只告诉其中一方委托人"对方已经知道代理人'共同代理人'的身份"，即共同代理人选择与一个委托人串谋，不管委托人怎么行动，代理人的这个行动选择始终会最大化其净收益。而且，我们还发现，三种初始信息状态下委托人的均衡收益是相同的。

结论是：不管初始信息状态如何、不管委托人如何选择其分配信息的行动，这都不会影响他们各自最终的均衡收益，委托人的均衡收益只受共同代理人的行为选择的影响,即共同代理人与哪一方委托人串谋,该委托人就能获得较大的收益,而其他委托人则获得较大的损失。

根据这一结论,我们可以很高兴地说:在以后的这一类模型假设中,可以忽略身份信息的初始状态,直接简单地假设身份信息只有共同代理人了解即可,因为这么做是不失一般性的。

第三节 存在身份信息不对称的"古诺模型"

本节中,将对传统"古诺模型"进行扩展,加入纵向分工细化,并假设由纵向分工细化产生了存在身份信息不对称的共同代理关系,目的是研究在这一框架下串谋发生的条件,以及串谋对均衡结果的影响,并且期望通过与传统"古诺模型"均衡结果的比较得到更有意义的结论。

一 模型假设及博弈描述

为简化问题又不失一般性,本节只考虑一级分工,即在整个供应链中只存在一级委托代理关系。假设该产品生产、销售实现分工细化,产品的生产厂商(1、2)只负责生产,而产品的销售由独立的零售商负责,生产厂商与零售商签订分销合同(本质就是委托代理合同),合同中要规定分销方式是代销,确定代理费的支付方式是销售额提成,提成比例确定。假设市场上有多家零售商,它们是完全竞争的。① 零售商可以自主决定将其代理的企业产品投入市场

---

① 这个假设是为了使身份信息的不对称能够实现。

的数量，记为 q'_1，q'_2，那么市场出清价格 P 就由 q'_1 和 q'_2 决定，$P = a - b(q'_1 + q'_2)$。① 还有一个重要的假设就是在签订分销合同时，生产厂商不了解该零售商是否还与其他的生产厂商签订了分销合同。也就是说，委托代理关系不是市场信息，而是零售商的私人信息。

把该扩展模型用博弈语言描述为：第一阶段两个企业同时独立地选择某一家零售商为其销售产品，并签订分销合同；第二阶段两家企业同时独立地决定产量，并将所有产品交付给零售商供其销售；第三阶段零售商决定将自己所代理的产品投入市场的数量，并销售产品；第四阶段生产厂商利润确定、零售商获得代理费，博弈结束。

这个博弈很显然也是不完全信息动态博弈：参与人是两个企业以及它们签订分销合同的零售商；企业的行动有两个阶段：第一阶段决定零售商、第二阶段决定产量；零售商的行动是决定自己所代理产品投入市场的数量；行动时序是企业先行动、零售商后行动，零售商可能能够观察到企业的行动，但是企业之间并不能观察到对方的行动；企业、零售商了解各自的收益函数，但并不知道其他人的收益函数。

二 均衡结果分析

该产品市场上纵向分工细化的供应链有两条：一是厂商 1 与它的零售商；二是厂商 2 与它的零售商。本章将分别研究无交叉的供应链之间的竞争和有交叉的竞争链之间的竞争。

---

① 这个假设说明生产厂商的收益要受零售商销售行为的影响。

1. 两条供应链无交叉：两家厂商 1 和厂商 2 分别选择了不同的零售商，委托代理关系是单一委托代理关系

假设厂商 1 选择的零售商为 A，厂商 1 支付给 A 的销售提成为 γ_1，满足 $\gamma_1 \in (0, 1)$。厂商 2 选择的零售商为 B，厂商 2 支付给 B 的销售提成为 γ_2，$\gamma_2 \in (0, 1)$。[①]

本节同样运用逆向归纳法分析该动态博弈的均衡结果。

第三阶段零售商 A 和 B 决定投入市场的产品数量，q'_1 和 q'_2。最优投入市场的数量 (q'^*_1, q'^*_2) 满足：

$$q'^*_i = \mathrm{argMax}\{[a - b(q'_i + q'^*_j)] \times q'_i \times \gamma_i\}, \quad \text{s.t} \quad q'_i \leqslant q_i, \quad i = 1, 2, \; j = 1, 2$$

整理的结果为：$q'^*_1 = \mathrm{Min}\left(\dfrac{a}{3b}, q_1\right)$，$q'^*_2 = \mathrm{Min}\left(\dfrac{a}{3b}, q_2\right)$。

第二阶段厂商 1 和厂商 2 决定产量，q_1 和 q_2。最优产量 (q^*_1, q^*_2) 满足：

$$q^*_1 = \mathrm{argMax}\{[a - b(q_1 + q^*_2)] \times q_1 \times (1 - \gamma_1) - cq_1\},$$
$$\text{s.t} \quad q_1 \leqslant \frac{a}{3b};$$

$$q^*_2 = \mathrm{argMax}\{[a - b(q^*_1 + q_2)] \times q_2 \times (1 - \gamma_2) - cq_2\},$$
$$\text{s.t} \quad q_2 \leqslant \frac{a}{3b}$$

整理的结果为：$q^*_1 = \dfrac{a - c\left(\dfrac{2}{1 - \gamma_1} - \dfrac{1}{1 - \gamma_2}\right)}{3b}$；$q^*_2 = \dfrac{a - c\left(\dfrac{2}{1 - \gamma_2} - \dfrac{1}{1 - \gamma_1}\right)}{3b}$。厂商 1 和厂商 2 的均衡收益记为 π^*_1、

---

① γ_1 与 γ_2 不一定相等。

π_2^*；零售商的均衡收益记为 π_A^*、π_B^*。①

命题一：把传统的"古诺双寡头"模型进行纵向分工细化，当供应链中的委托代理关系都是单一委托代理关系时，这种无交叉的供应链之间的竞争结果相比于传统均衡结果更有效。市场上的产品总量减少，行业整体收益增加。行业整体收益在两个无交叉的供应链之间分配，分配的比例取决于 γ_1 和 γ_2。

证明：无交叉的供应链竞争时，市场上产品总量为 $(q_1'^* + q_2'^*)$，其中 $q_1'^* = q_1^* = \dfrac{a - c\left(\dfrac{2}{1-\gamma_1} - \dfrac{1}{1-\gamma_2}\right)}{3b}$，$q_2'^* = q_2^* = \dfrac{a - c\left(\dfrac{2}{1-\gamma_2} - \dfrac{1}{1-\gamma_1}\right)}{3b}$，整理得市场上的产品总量为：$\dfrac{2a - c\left(\dfrac{1}{1-\gamma_1} + \dfrac{1}{1-\gamma_2}\right)}{3b}$。

传统"古诺双寡头"模型的均衡结果中市场上产品总量为：$\dfrac{2(a-c)}{3b}$。

因为 $\gamma_1 \in (0, 1)$，$\gamma_2 \in (0, 1)$，所以很容易得到：$\dfrac{2a - c\left(\dfrac{1}{1-\gamma_1} + \dfrac{1}{1-\gamma_2}\right)}{3b} < \dfrac{2(a-c)}{3b}$。

无交叉的供应链竞争时，厂商 1 和零售商 A 的供应链、厂商 2 和零售商 B 的供应链面对的市场价格是一定的，各自

---

① π_1^*、π_2^*、π_A^*、π_B^* 的具体形式可以通过公式得到。

的收益就取决于销售的数量，由 $q_1^* = \dfrac{a - c\left(\dfrac{2}{1-\gamma_1} - \dfrac{1}{1-\gamma_2}\right)}{3b}$；

$q_2^* = \dfrac{a - c\left(\dfrac{2}{1-\gamma_2} - \dfrac{1}{1-\gamma_1}\right)}{3b}$ 可以很清楚地看出：当 γ_1 较大、γ_2 较小时，厂商 1 和 A 的供应链销售的数量较少，故这条供应链分得的收益较少，而厂商 2 和 B 的供应链分得的收益较多；相反，当 γ_1 较小、γ_2 较大时，厂商 1 和 A 的供应链销售的数量较多，故这条供应链分得的收益较多，而厂商 2 和 B 的供应链分得的收益较少。

证毕。

2. 两条供应链有交叉：两家厂商 1 和厂商 2 分别选择同一家零售商，委托代理关系是共同代理关系

假设厂商 1 和厂商 2 同时选择零售商 S 为其销售产品，但是厂商 1 和厂商 2 都不知道 S 是共同代理人，存在行动信息不对称和身份信息不对称。

如果零售商 S 不想串谋，结果与两个无交叉供应链竞争的结果一致，不再赘述。

假设 S 与厂商串谋发生后，S 和串谋的厂商看作一个联盟，他们的目标是最大化联盟的收益，S 与串谋的厂商一起分配联盟收益。[①] 以 S 与厂商 1 串谋为例分析串谋发生的条件以及串谋对均衡结果的影响。

零售商 S 与厂商 1 发生串谋的条件是：串谋后的收益结构对厂商 1 来说要优于串谋前的收益结构。换句话说，S

---

① 本章前面部分提到串谋后，共同代理人得到额外的信息租和"收买"的报酬，在模型中没有再具体区分，而是直接假设零售商和合谋的厂商分配联盟收益。

和厂商1的联盟收益要大于不发生串谋时S的收益和厂商1的收益之和。

命题二：零售商S决定向市场投入的产品数量，满足下面不等式的所有可行的投入市场的产品数量组合（q'_1，q'_2）都能使串谋发生：

$[a-b(q'_1+q'_2)-c] \times q'_1 > \pi_1^* + \pi_2^* + \pi_3^*$。①

命题三：串谋发生时，如果∃（q'_1，q'_2），满足$q'_1 + q'_2 > \frac{2(a-c)}{3b}$，那么串谋使竞争的结果变得更无效，虽然串谋的主体（本例中是S和厂商1）收益增加，但行业整体收益减小；如果∃（q'_1，q'_2），满足$q'_1 + q'_2 < \frac{2(a-c)}{3b}$，那么串谋使竞争的结果变得更有效，串谋的主体收益增加，而且行业整体收益增加。

上述命题一描述的是只存在分工细化并没有出现共同代理关系的"古诺模型"与传统"古诺模型"的均衡结果之间的比较：前者的市场更有效，即行业整体收益更高。这一结论与本书第六章第二节中得到的结论一致，因为这个问题在第六章进行重点研究，因此具体分析详见第六章第二节。

上述命题二和命题三描述的是串谋实现的条件、串谋对均衡结果的影响。可以看出，串谋对参与主体来说是有效的，能增加参与串谋主体的收益，但是串谋对市场效率来说不一定是有效的，在一定条件下，串谋能增加行业整

---

① 使零售商S利益最大化的最优投入市场的产品数量组合（q'^*_1，q'^*_2）要根据S与厂商1分配联盟收益的比例决定。由于本章主要目的是找到串谋发生的条件，所以最优数量组合的问题在这里没有详细讨论。

体收益；在一定条件下，串谋也可能会减少行业整体收益。

第四节　企业代理方式的选择：共同代理还是独立代理

一　研究背景

自 1985 年 B. Douglas Bernheim 和 Michael Whinston 首次提出"共同代理"的概念至今已有 30 年，大批学者对共同代理理论的发展和完善做出了重要的贡献，在共同代理理论框架下的很多问题也已经有了比较成熟的研究体系，研究成果也为广大学者普遍接受。在共同代理框架中，委托人和代理人之间存在信息不对称的问题已经得到比较深入和全面的研究，存在逆向选择、道德风险的共同代理的均衡结果和激励机制的设计问题也已经有比较成熟的研究体系。而且共同代理分析框架已经广泛应用在多个研究领域内，例如，产品生产销售领域、政府政策制定、拍卖、跨国公司的管制等，可以说，共同代理理论已经逐步成为分析这一类经济问题的一个非常有效的、高频使用的一般性的工具。

在现实经济社会中存在这样一个现象：并不是所有的企业都选择共同代理的方式。企业选择共同代理还是独立代理并没有一个完全占优的选择，那么问题是：为什么所有企业不会选择同一种代理方式，到底哪些因素可能影响企业对代理方式的选择偏好？

学者指出的其中一个因素就是信息不对称，已有的两篇文献研究信息不对称对委托人代理方式选择的影响：一篇是 Esther Galor（1991）的文章，他研究了当委托人不了解代理人成本信息时共同代理是否仍然有效的问题。论文提出当共同代理具有其代理成本的私人信息时，委托人可能无法准确设定给代理人的信息租（激励合同）。当委托人的信息劣势足够大直至超过合谋的优势时，委托人选择独立代理（排他性交易）会比共同代理更有利。这篇论文是在 Bernheim 和 Whinston（1985，1986a）的基本模型上进行的扩展：将完全信息扩展为不完全信息。论文提出委托人与代理人的信息不对称会使共同代理方式存在劣势，此时，委托人需要权衡共同代理方式的优势和劣势（委托人合谋获得额外收益与委托人可能支付更高的信息租）来确定共同代理是否仍然有效。另一篇是 David Martimort（1996）的文章，他研究了逆向选择对代理方式选择的影响。论文提出在现实中有的制造商偏好选择共同代理方式，而有的制造商却偏好选择独立代理方式（排他性交易）。作者认为，逆向选择的严重程度和产品的互补性或替代性都可能对制造商最优代理方式的选择产生影响。论文借鉴 Bernheim 和 Whinston（1986a）的结论，当制造商选择共同代理时可以通过合谋获得额外的收益，但制造商不可能在激励的供给上合作，因此竞争还是存在的。当制造商选择独立代理时，制造商之间的竞争会使合作降到最低，同时也降低了代理人的信息租。论文的结论是：根据逆向选择的严重程度不同，或产品的差异度不同，共同代理和独立代理都有可能成为制造商的最优选择。

那么除了信息不对称外，还有哪些因素可能会影响委托人对代理方式的选择偏好？本节选择了一个因素——市场结构，希望能研究市场结构是否会对企业的最优代理方式有影响，如果有影响，那么它是通过什么机制来影响的？

二　市场结构与企业代理方式选择的关系

市场结构主要包括完全竞争的市场和不完全竞争的市场，其中不完全竞争的市场又可分为垄断、寡头垄断、垄断性竞争。美国经济学家爱德华·钱柏林最早在1933年的著作《垄断性竞争理论》（Theory of Monopolistic Competition）中提出"垄断性竞争"的概念，它是指市场中存在多个生产存在差异但可替代的商品的企业，而且每个企业有一定的控制定价的能力，但又面临其他企业的竞争。

本节选择这两种典型的市场结构——完全竞争市场和垄断竞争市场，希望研究在这两种不同的市场结构下企业对代理方式的选择偏好，而且分析市场结构是通过什么机制来发生作用的。

在完全竞争市场中，其主要特征就是所有企业都是一个固定产品价格的接受者，企业所决定的产量不能影响产品的价格，因此在这种市场结构下，决定企业利润的关键就是产品的销量，而企业对代理人的选择又会直接决定产品的销量。直观地来看，如果企业选择共同代理人，那么企业要与竞争企业分享代理人的承销能力（代理人的客户或消费者），由于代理人是完全理性的，他的目标是实现自身收益的最大化，因此企业要想获得更多的销量必须支付给代理人比竞争对手更多的报酬，但是由于企业之间信息的不对称，企业不能了解到他的竞争对手支付的报酬，所以信息的不对称会给企业带来额外的损失，如果这个损失足够大以至于抵消企业选择共同代理人所能分享到的规模经济利益时，企业的最佳选择就是独立代理人了。在完全竞争市场下，产品价格一定的情况下，企业之间对共同代理人承销能力的竞争造成的损失使共同代理产生的规模经济减少甚至消失，因此完全竞争市场下企业不一定选择共同代理。

垄断性竞争市场相对于完全竞争市场的最大区别就是企业能够自主地制定产品的价格。当企业能制定产品的价格时，决定企业利润的关键就不再只是产品的销量，当然价格也成为关键因素之一。由于价格的自主性，制定较高价格的企业完全有能力和空间支付给共同代理人更高的报酬，因此这类企业相比于制定较低价格的企业更容易获得共同代理人更多的承销能力，所以他们倾向于选择那些承销能力大（更容易成为共同代理人）的代理人。相反地，那些制定较低价格的企业知道自己支付的报酬低于制定高价格的企业支付的报酬，因此他们不希望选择共同代理人（因为自己没有优势），所以他们会更多地选择独立代理人。

三 构建模型分析

本节中定义的"完全竞争市场"是指市场的参与者（生产企业或委托人）都是既定价格的接受者，即产品的价格不受单个生产者产量影响，每个生产企业提供的产品都是同质的，市场信息完全。"垄断性竞争市场"是相对于"完全竞争市场"的，它是指市场的参与者都可以自己制定价格，每个企业提供的产品是存在差异但是可替代的，市场信息也是完全的。

（一）完全竞争市场下企业对代理类型的选择

为了研究问题的方便，在不是一般性的前提下，本节只关注市场上的两家企业，分别为 i 和 j。[1] 每个企业生产同质的产品，并且自己决定产量 Q_i 和 Q_j。假设市场上产品的价格固定为 P，企业生产产品的单位成本相同且固定不变，为 C。

每个企业必须选择一个代理人为其提供承销产品的服务，企业可以从一大群数量为 N 的代理人中选择。本章假设所有潜在代理人可能成为共同代理人的概率确定且是公共信息，用 $b \in (0, 1)$ 表示。为了分析的方便，本章把 N 个代理人按照其成为共同代理人的概率从小到大进行编号，编号为 1—N，b_k 表示第 k 个代理人成为共同代理人的概率。[2] 假设第 k 个代理人的承销能力是 b_k 的函数，用 $M(b_k)$ 表示，它满足 $\frac{\partial M(b_k)}{\partial b_k} > 0$，$\frac{\partial^2 M(b_k)}{\partial b_k^2} > 0$。[3] 承销能力 $M(b_k)$ 表示第 k 个代理人能够在价格 P 下卖出去的产品数量，如果第 k 个代理人是独立代理人，那么他能够为委托人销售的最大产品数量就是 $M(b_k)$，如果第 k 个代理人是共同代理人，那么他要把 $M(b_k)$ 在两个委托人之间进行分配，目的是实现收益最大化。本章用 q_i 和 q_j 表示企业 i 和 j 的代理人为他们承销的产品数量。

生产企业与他们选择的代理人签订支付报酬的合约，在这里本节采用最普通的支付报酬的形式，即销售提成，

---

[1] 在本书研究的框架下，作者认为，只关注两个企业对代理类型的选择就能够反映我们想要研究的问题。

[2] b_k 是根据代理人的规模、地理位置以及知名度等因素评估的主观概率，它是一种市场信息。

[3] $\frac{\partial^2 M(b_k)}{\partial b_k^2} > 0$ 表示代理人的规模报酬递增。

假设代理人为企业每销售一单位产品能够获得的报酬固定且事先确定，用 α_i 和 α_j 表示。本节假设 α_i 和 α_j 是 b_k 的函数，且满足 $\frac{\partial \alpha}{\partial b_k} > 0$、$\frac{\partial^2 \alpha(b_k)}{\partial b_k^2} > 0$，做这样的假设是为了描述不同代理人（$b_k$ 不同）获得报酬的特征。[①]

用博弈语言描述这个委托代理过程为：第一阶段，企业 i 和 j 决定各自的产量 Q_i 和 Q_j；第二阶段，企业 i 和 j 各自选择一个代理人，本章假设分别为第 k 个和第 g 个代理人，并分别签订报酬支付合约 $\alpha_i(b_k)$ 和 $\alpha_j(b_g)$；第三阶段，第 k 个和第 g 个代理人决定他们为企业 i 和 j 承销的产品数量 q_i 和 q_j；第四个阶段，企业 i 和 j，代理人 k 和 g 的收益确定，博弈结束。

这个博弈过程与第四章第四节中扩展的"古诺模型"的博弈过程本质是相同的，也是一个不完全信息动态博弈。博弈参与人是两个企业和它们选择的代理人；企业的行动分两个阶段：第一阶段是企业决定产量，第二阶段是企业决定代理人；代理人的行动是决定为企业承销的产品数量；行动时序是企业先行动、代理人后行动，代理人可能观察到企业的行动，但企业之间不能观察到对方的行动；企业和代理人都只了解自己的收益函数并不了解其他参与人的收益函数。

同样地，本节运用逆向归纳法（backward induction）来分析上述动态博弈的均衡结果。

1. 第三阶段中代理人 k 和 g 为委托人最优承销产品量 q_i^* 和 q_j^* 的选择。需要分两种情况：$k = g$ 和 $k \neq g$

当 $k \neq g$ 时，企业 i 和 j 选择的代理人是独立代理人，因

[①] 在后面的分析中会解释为什么做这样的假设。

此，有这样的结果：$q_i^* = Q_i$；$q_j^* = Q_j$。①

当 $k = g$ 时，企业 i 和 j 选择的代理人是共同代理人，因此（q_i^*, q_j^*）是下面的最大化问题的解：

$$\text{Max} \{\alpha_i(b_k) \times q_i + \alpha_j(b_g) \times q_j\}$$
$$\text{s.t} \quad q_i + q_j = M(b_k) ②$$

上述最大化问题的解如下：

$$q_i^* = \begin{cases} Q_i, & \alpha_i(b_k) > \alpha_j(b_k) \\ \frac{1}{2}M(b_k), & \alpha_i(b_k) = \alpha_j(b_k) \\ M(b_k) - Q_i, & \alpha_i(b_k) < \alpha_j(b_k) \end{cases}$$

$$q_j^* = \begin{cases} Q_i, & \alpha_i(b_k) < \alpha_j(b_k) \\ \frac{1}{2}M(b_k), & \alpha_i(b_k) = \alpha_j(b_k) \\ M(b_k) - Q_i, & \alpha_i(b_k) > \alpha_j(b_k) \end{cases} ③$$

2. 第二阶段中企业 i 和 j 对最优代理人 b_k^* 和 b_g^* 的选择，以及第一个阶段中企业 i 和 j 对最优产量 Q_i^* 和 Q_j^* 的选择

首先，需要得到企业 i 和 j 在分别选择代理人 k 和 g 时能够获得代理人承销的产品的期望数量，它等于企业的代理人是独立代理人时的承销数量乘以概率（$1-b$）加上代理人时共同代理人时的承销数量乘以概率 b，具体如下：

---

① 因为本章假设企业生产产品是有成本的，所以企业所决定的产量一定不会大于它们选择的代理商所能承销的最大产品数量，即 $Q_i \leq M(b_k)$；$Q_j \leq M(b_g)$。
② 当 $k = g$ 时，本章统一用 k 表示共同代理人。在本章中，$Q_i + Q_j > M(b_k)$。
③ 当 $\alpha_i(b_k) = \alpha_j(b_k)$ 时，代理人 k 可以随意选择（q_i^*, q_j^*），本章假设此时代理人在企业 i 和 j 中平均分配 $M(b_k)$，即 $q_i^* = q_j^* = M(b_k)/2$。

$$E(q_i^*) = \begin{cases} Q_i, & \alpha_i(b_k) > \alpha_j(b_k) \\ (1-b_k)Q_i + \frac{1}{2}b_k M(b_k), & \alpha_i(b_k) = \alpha_j(b_k) \\ Q_i + b_k[M(b_k) - Q_i - Q_j], & \alpha_i(b_k) < \alpha_j(b_k) \end{cases}$$

$$E(q_j^*) = \begin{cases} Q_j + b_g[M(b_g) - Q_i - Q_j], & \alpha_i(b_g) > \alpha_j(b_g) \\ (1-b_g)Q_j + \frac{1}{2}b_g M(b_g), & \alpha_i(b_g) = \alpha_j(b_g) \\ Q_j, & \alpha_i(b_g) < \alpha_j(b_g) \end{cases}$$

其次，需要得到企业 i 和 j 在分别选择代理人 k 和 g 时能够获得的期望收益，用企业获得代理人承销产品的期望数量乘以价格与企业支付给代理人的单位报酬的差额（$P-\alpha$）再减去企业的生产成本，具体为：

$$v_i = E(q_i^*) \times [P - \alpha_i(b_k)] - Q_i \times C$$

$$v_j = E(q_j^*) \times [P - \alpha_j(b_k)] - Q_j \times C$$

最后，企业 i 和 j 对最优代理人的选择以及对最优产量的选择（b_k^*, Q_i^*）和（b_g^*, Q_j^*）分别是下面两个最大化问题的解：

$\text{Max} V_i$

$\text{Max} V_j$

很容易发现企业 i 和 j 的期望销售量以及期望收益是对称的，因此企业 i 和 j 的最优选择也是对称的，所以本章接下来仅对企业 i 的最优选择进行分析。

本章根据库恩—塔克条件可以得到：

$$\frac{\partial V_i}{\partial Q_i} = \begin{cases} P - \alpha_i(b_k) - C, & \alpha_i(b_k) > \alpha_j(b_k) \\ (1-b_k) \times [P - \alpha_i(b_k)] - C, & \alpha_i(b_k) = \alpha_j(b_k) \\ (1-b_k) \times [P - \alpha_i(b_k)] - C, & \alpha_i(b_k) < \alpha_j(b_k) \end{cases}$$

$$\frac{\partial V_i}{\partial b_k} = \begin{cases} -Q_i \times \dfrac{\partial \alpha_i(b_k)}{\partial b_k}, & \alpha_i(b_k) > \alpha_j(b_k) \\[2mm] \left[-Q_i + \dfrac{1}{2}M(b_k) + \dfrac{1}{2}b_k \times \dfrac{\partial M(b_k)}{\partial b_k}\right] \times [P - \alpha_i(b_k)] - \\ \left[(1-b_k) \times Q_i + \dfrac{1}{2}b_k \times M(b_k)\right] \times \dfrac{\partial \alpha_i(b_k)}{\partial b_k}, & \alpha_i(b_k) = \alpha_j(b_k) \\[2mm] \left[M(b_k) - Q_i - Q_j + b_k \times \dfrac{\partial M(b_k)}{\partial b_k}\right] \times [P - \alpha_i(b_k)] - \\ \{Q_i + b_k \times [M(b_k) - Q_i - Q_j]\} \times \dfrac{\partial \alpha_i(b_k)}{\partial b_k}, & \alpha_i(b_k) < \alpha_j(b_k) \end{cases}$$

令上述一阶条件等于零，本章得到了下面的结果：

（1）当 $\alpha_i(b_k) > \alpha_j(b_k)$ 时，企业 i 的最优选择为：$b_k^* = \alpha'_i(P-C)$；[1] $Q_i^* = 0$。此时企业 i 的期望收益为 $V_i^* = 0$。

（2）当 $\alpha_i(b_k) = \alpha_j(b_k)$ 时，企业 i 的最优选择为 b_k^*：满足 $(1-b_k^*) \times [P - \alpha_i(b_k^*)] = C$；

$$Q_i^* = \frac{1}{2} \frac{\left[M(b_k^*) + b_k^* \times \dfrac{\partial M(b_k^*)}{\partial b_k}\right] \times C - (1-b_k^*) \times b_k^* \times M(b_k^*) \times \dfrac{\partial \alpha_i(b_k^*)}{\partial b_k}}{\left[C + (1-b_k^*)^2 \times \dfrac{\partial \alpha_i(b_k^*)}{\partial b_k}\right]}。$$

此时企业 i 的期望收益为：$V_i^* = \dfrac{C}{2(1-b_k^*)} \times b_k^* \times M(b_k^*)$。

（3）当 $\alpha_i(b_k) < \alpha_j(b_k)$ 时，企业 i 的最优选择为 b_k^*：满足 $(1-b_k^*) \times [P - \alpha_i(b_k^*)] = C$；

---

[1] $\alpha'_i(\cdot)$ 是 $\alpha_i(\cdot)$ 的反函数，即 $\alpha_i(b_k^*) = P - C$。

$$Q_i^* = \frac{\left[M(b_k^*) + b_k^* \times \frac{\partial M(b_k^*)}{\partial b_k}\right] \times C - (1-b_k^*) \times b_k^* \times M(b_k^*) \times \frac{\partial \alpha_i(b_k^*)}{\partial b_k}}{C + (1-b_k^*)^2 \times \frac{\partial \alpha_i(b_k^*)}{\partial b_k}};$$

此时企业 i 的期望收益为：$V_i^* = \frac{C}{1-b_k^*} \times b_k^* \times M(b_k^*)$。

命题四：当完全竞争市场（企业都是固定价格的接受者）中的生产企业（委托人）之间进行产量竞争时，企业选择共同代理人概率低（b_k 较小）的代理人并且支付相对竞争企业更少的报酬 [$\alpha_i(b_k)$ 较小] 时，能获得更高的收益。

证明：根据上面得到的结果，本章发现当 $\alpha_i(b_k) < \alpha_j(b_k)$ 时，企业 i 能获得更高的收益。因为很明显，当 $\alpha_i(b_k) < \alpha_j(b_k)$ 时企业 i 的最大期望收益是当 $\alpha_i(b_k) = \alpha_j(b_k)$ 时企业 i 的最大期望收益的两倍，而且它是大于零的。

当 $\alpha_i(b_k) < \alpha_j(b_k)$ 时，企业 i 对 b_k^* 的最优选择是 $(1-b_k^*) \times [P - \alpha_i(b_k^*)] = C$，因为 $b_k^* \in (0, 1)$，所以 $b_k^* < \alpha'_i(P-C)$。

（二）垄断性竞争市场下企业对代理类型的选择

本节中垄断性竞争市场下企业的特点是相对于完全竞争市场上企业的特点做出的，上面本节假设在完全竞争市场上生产企业都是一个固定价格的接受者，在本小节中，本章假设企业能够独立自主地制定产品价格（可以叫作价格竞争），然后分析在这种情况下，企业对代理人类型的选择。

需要修改的几个重要的假设：第一，生产企业 i 和 j 在博弈过程的第一个阶段决定自己产品的价格 P_i 和 P_j，而不再是产量，且满足 $P_i > P_j$；① 第二，企业 i 和 j 的生产成本都为 0；② 第三，代理人对产品的承销能力不仅是 b_k 的函数，也是产品价格的函数，用 $M(b_k, P)$ 表示，满足 $\frac{\partial M(b_k, P)}{\partial b_k} > 0$，$\frac{\partial M(b_k, P)}{\partial P} < 0$，$\frac{\partial^2 M(b_k, P)}{\partial b_k \partial P} < 0$；③ 第四，企业 i 和 j 生产的两种产品有差异但是可替代的，因此价格低的产品总是优先被购买，假设每个消费者都有机会（概率）买到价格低的产品，本章用 $f(q_j)$ 来表示这个概率，它是代理人对低价格产品承销数量 q_j 的函数，满足 $\frac{\partial f(q_j)}{\partial q_j} > 0$，$f(0) = 0$，$f[M(b_k, P_j)] = 1$。④

这个模型的博弈过程类似于上一个博弈过程，仅仅是第一阶段企业的决策变量变成价格 P_i 和 P_j，其他阶段相同，在此不再重述。

同样地，本章运用逆向归纳法分析整个博弈过程。

---

① 这种假设不会丧失一般性。
② 本章假设生产成本为 0，是因为在这里重点关注的是价格因素，所以我们忽略产量因素。
③ $\frac{\partial^2 M(b_k, P)}{\partial b_k \partial P} < 0$ 的意义是：b_k 越大，随 P 增大而减少的 M 越小；b_k 越小，随 P 增大而减少的 M 越大（这也是规模经济的一种表现）。
④ $\frac{\partial f(q_j)}{\partial q_j} > 0$ 的含义是当代理人承销的价格低的产品越多时，消费者能够购买到价格低的产品的概率越大。
$f(0) = 0$ 的含义是当代理人没有承销价格低的产品时，消费者没有机会购买到价格低的产品。
$f[M(b_k, P_j)] = 1$ 的含义是当代理人承销的产品全部是价格低的产品时，消费者肯定能够买到价格低的产品。

第四章 存在身份信息不对称的共同代理框架下的串谋问题

1. 第三阶段中代理人 k 和 g 为委托人最优承销产品量 q_i^* 和 q_j^* 的选择。需要分两种情况：$k=g$ 和 $k \neq g$

当 $k \neq g$ 时，企业 i 和 j 选择的代理人是独立代理人，因此，有这样的结果：$q_i^* = M(b_k, P_i)$，$q_j^* = M(b_g, P_j)$。

当 $k = g$ 时，企业 i 和 j 选择的代理人是共同代理人，因此 (q_i^*, q_j^*) 是下面的最大化问题的解：

Max $\{\alpha_i(b_k) \times q_i + \alpha_j(b_g) \times q_j\}$

s.t $q_i \leq M(b_k, P_i)$；$q_j \leq [1 - f(q_i)] \times M(b_k, P_j)$ ①

利用库恩—塔克条件解决上述最大化问题，本章得到的结果如下：

$$q_i^* = \begin{cases} 0, & \alpha_j(b_k) > \alpha_i(b_k) \times \frac{\partial f(q_j)}{\partial q_j} \\ \left[1 - f\left(\frac{1}{2}M(b_k, P_j)\right)\right] \times M(b_k, P_i), & \alpha_j(b_k) = \alpha_i(b_k) \times \frac{\partial f(q_j)}{\partial q_j} \\ M(b_k, P_i), & \alpha_j(b_k) < \alpha_i(b_k) \times \frac{\partial f(q_j)}{\partial q_j} \end{cases}$$

$$q_j^* = \begin{cases} M(b_k, P_i), & \alpha_j(b_k) > \alpha_i(b_k) \times \frac{\partial f(q_j)}{\partial q_j} \\ \frac{1}{2}M(b_k, P_j), & \alpha_j(b_k) = \alpha_i(b_k) \times \frac{\partial f(q_j)}{\partial q_j} \\ 0, & \alpha_j(b_k) < \alpha_i(b_k) \times \frac{\partial f(q_j)}{\partial q_j} \end{cases} ②$$

---

① 共同代理人对价格高的产品的承销数量 q_i 是根据它对价格低的产品的承销数量 q_j 决定的，代理人承销价格低的产品的数量为 q_j 时，根据第四个假设可以得到，在 $M(b_k, P_i)$ 有 $f(q_j) \times M(b_k, P_i)$ 的消费者能够购买到价格低的产品，因此，只有 $(1 - f(q_j) \times M(b_k, P_i))$ 的购买力能够购买价格高的产品。

② 当 $\alpha_j(b_k) = \alpha_i(b_k) \times \frac{\partial f(q_j)}{\partial q_j}$ 时，(q_i^*, q_j^*) 和 γ_1 可以任意选择，本章假设 $q_j^* = \frac{1}{2}M(b_k, P_j)$。

2. 第二阶段中企业 i 和 j 对最优代理人 b_k^* 和 b_g^* 的选择，以及第一个阶段中企业 i 和 j 对最优价格 P_i^* 和 P_j^* 的选择

首先，需要得到企业 i 和 j 在分别选择代理人 k 和 g 时能够获得代理人承销的产品的期望数量 $E(q_i^*)$ 和 $E(q_j^*)$。

$$E(q_i^*) = \begin{cases} (1-b_k) \times M(b_k, P_i), & \alpha_j(b_k) > \alpha_i(b_k) \times \frac{\partial f(q_j)}{\partial q_j} \\ \left[1 - b_k \times f\left(\frac{1}{2} M(b_k, P_j)\right)\right] \times M(b_k, P_i), & \alpha_j(b_k) = \alpha_i(b_k) \times \frac{\partial f(q_j)}{\partial q_j} \\ M(b_k, P_i), & \alpha_j(b_k) < \alpha_i(b_k) \times \frac{\partial f(q_j)}{\partial q_j} \end{cases}$$

$$E(q_j^*) = \begin{cases} M(b_g, P_j), & \alpha_j(b_g) > \alpha_i(b_g) \times \frac{\partial f(q_j)}{\partial q_j} \\ \left(1 - \frac{1}{2} b_g\right) \times M(b_g, P_j), & \alpha_j(b_g) = \alpha_i(b_g) \times \frac{\partial f(q_j)}{\partial q_j} \\ (1 - b_g) \times M(b_g, P_j), & \alpha_j(b_g) < \alpha_i(b_g) \times \frac{\partial f(q_j)}{\partial q_j} \end{cases}$$

其次，需要得到企业 i 和 j 在分别选择代理人 k 和 g 时能够获得的期望收益 V_i 和 V_j。

$$v_i = E(q_i^*) \times [P - \alpha_i(b_k)] =$$

$$\begin{cases} (1-b_k) \times M(b_k, P_i) \times [P_i - \alpha_i(b_k)], & \alpha_j(b_k) > \alpha_i(b_k) \times \frac{\partial f(q_j)}{\partial q_j} \\ \left[1 - b_k \times f\left(\frac{1}{2} M(b_k, P_j)\right)\right] \times M(b_k, P_i) \times [P_i - \alpha_i(b_k)], & \alpha_j(b_k) = \alpha_i(b_k) \times \frac{\partial f(q_j)}{\partial q_j} \\ M(b_k, P_i) \times [P_i - \alpha_i(b_k)], & \alpha_j(b_k) < \alpha_i(b_k) \times \frac{\partial f(q_j)}{\partial q_j} \end{cases}$$

$$v_j = E(q_j^*) \times [P_j - \alpha_j(b_k)] =$$

$$\begin{cases} M(b_g, P_j) \times [P_j - \alpha_j(b_k)] & , \alpha_j(b_g) > \alpha_i(b_g) \times \dfrac{\partial f(q_j)}{\partial q_j} \\ \left(1 - \dfrac{1}{2}b_g\right) \times M(b_g, P_j) \times [P_j - \alpha_j(b_k)] & , \alpha_j(b_g) = \alpha_i(b_g) \times \dfrac{\partial f(q_j)}{\partial q_j} \\ (1 - b_g) \times M(b_g, P_j) \times [P_j - \alpha_j(b_k)] & , \alpha_j(b_g) < \alpha_i(b_g) \times \dfrac{\partial f(q_j)}{\partial q_j} \end{cases}$$

最后，企业 i 和 j 对最优代理人的选择以及对最优价格的选择（b_k^*，P_i^*）和（b_g^*，P_j^*）分别是下面两个最大化问题的解：

Max V_i

Max V_j

在这里，企业 i 和 j 的最优选择是不对称的，所以本章将分别分析它们的最优选择问题。利用库恩—塔克条件，本章得到下面结果：

（1）当 $\alpha_j(b_k) > \alpha_i(b_k) \times \dfrac{\partial f(q_j)}{\partial q_j}$ 时，企业 i 的最优选择（b_k^*，P_i^*）满足下面的方程：$(1 - b_k^*) \times \left[\dfrac{\partial M(b_k^*, P_i^*)}{\partial b_k} + \dfrac{\partial M(b_k^*, P_i^*)}{\partial P_i} \times \dfrac{\partial \alpha(b_k^*)}{\partial b_k}\right] = M(b_k^*, P_i^*)$；此时，企业 i 的最大期望收益为：$V_i^* = (1 - b_k^*)^2 \times \left[\dfrac{\partial M(b_k^*, P_i^*)}{\partial b_k} \times \dfrac{\partial P_i}{\partial M(b_k^*, P_i^*)} + \dfrac{\partial \alpha(b_k^*)}{\partial b_k}\right] \times M(b_k^*, P_i^*)$。企业 j 的最优选择（b_g^*，P_j^*）满足下面的方程：$\dfrac{\partial M(b_g^*, P_j^*)}{\partial b_g} \times \dfrac{\partial P_j}{\partial M(b_g^*, P_j^*)} + \dfrac{\partial \alpha(b_g^*)}{\partial b_g} = 0$；此时，企业 j 的最大期望收益为：$V_j^* = -M(b_g^*, P_j^*)^2 \times \dfrac{\partial P_j}{\partial M(b_g^*, P_j^*)}$。

(2) 当 $\alpha_j(b_k) = \alpha_i(b_k) \times \dfrac{\partial f(q_j)}{\partial q_j}$ 时，企业 i 的最优选择 (b_k^*, P_i^*) 满足下面的方程 $\left[1 - b_k^* \times f\left(\dfrac{1}{2}M(b_k^*, P_j^*)\right)\right] \times \left[\dfrac{\partial M(b_k^*, P_i^*)}{\partial b_k} + \dfrac{\partial M(b_k^*, P_i^*)}{\partial P_i} \times \dfrac{\partial \alpha(b_k^*)}{\partial b_k}\right] = f\left(\dfrac{1}{2}M(b_k^*, P_j^*)\right) \times M(b_k^*, P_i^*)$；此时，企业 i 的最大期望收益为：$V_i^* = \dfrac{\left[1 - b_k^* \times f\left(\dfrac{1}{2}M(b_k^*, P_j^*)\right)\right]^2}{f\left(\dfrac{1}{2}M(b_k^*, P_j^*)\right)} \times \left[\dfrac{\partial M(b_k^*, P_i^*)}{\partial b_k} \times \dfrac{\partial P_i}{\partial M(b_k^*, P_i^*)} + \dfrac{\partial \alpha(b_k^*)}{\partial b_k}\right] \times M(b_k^*, P_i^*)$。企业 j 的最优选择 (b_g^*, P_j^*) 满足下面的方程：

$\dfrac{1}{2}M(b_g^*, P_j^*) \times \dfrac{\partial P_j}{\partial M(b_g^*, P_j^*)} + \left(1 - \dfrac{1}{2}b_g^*\right) \times \left[\dfrac{\partial M(b_g^*, P_j^*)}{\partial b_g} \times \dfrac{\partial P_j}{\partial M(b_g^*, P_j^*)} + \dfrac{\partial \alpha(b_g^*)}{\partial b_g}\right] = 0$；此时，企业 j 的最大期望收益为：$V_j^* = \left(1 - \dfrac{1}{2}b_g^*\right) \times M(b_g^*, P_j^*)^2 \times \dfrac{\partial P_j}{\partial M(b_g^*, P_j^*)}$。

(3) 当 $\alpha_j(b_k) < \alpha_i(b_k) \times \dfrac{\partial f(q_j)}{\partial q_j}$ 时，企业 i 的最优选择 (b_k^*, P_i^*) 满足下面的方程：$\dfrac{\partial M(b_k^*, P_i^*)}{\partial b_k} + \dfrac{\partial M(b_k^*, P_i^*)}{\partial P_i} \times \dfrac{\partial \alpha(b_k^*)}{\partial b_k} = 0$；此时，企业 i 的最大期望收益为：$V_i^* = -M(b_k^*, P_i^*)^2 \times \dfrac{\partial P_i}{\partial M(b_k^*, P_i^*)}$。企业 j 的最优选择 (b_g^*, P_j^*) 满足下面的方程：$M(b_g^*, P_j^*) \times \dfrac{\partial P_j}{\partial M(b_g^*, P_j^*)} + (1 - b_g^*) \times$

$\left[\dfrac{\partial M(b_g^*, P_j^*)}{\partial b_g} \times \dfrac{\partial P_j}{\partial M(b_g^*, P_j^*)} + \dfrac{\partial \alpha(b_g^*)}{\partial b_g}\right]$;此时,企业 j 的最大期望收益为:$V_j^* = (1 - b_g^*) \times M(b_g^*, P_j^*)^2 \times \dfrac{\partial P_j}{\partial M(b_g^*, P_j^*)}$。

命题五:当垄断性竞争市场(企业能自主地制定产品的价格)中的生产企业(委托人)之间进行价格竞争时,制定较高价格的企业 i 选择共同代理人概率大(b_k 较大)的代理人并且支付给代理人的报酬相对于竞争企业满足 $\alpha_j(b_k) > \alpha_i(b_k) \times \dfrac{\partial f(q_j)}{\partial q_j}$ 时,能获得更高的收益;制定较低价格的企业 j 选择共同代理人概率小(b_g 较小)的代理人并且支付给代理人的报酬相对竞争企业满足 $\alpha_j(b_k) > \alpha_i(b_k) \times \dfrac{\partial f(q_j)}{\partial q_j}$ 时,能获得更高的收益。

证明:首先分析制定较高价格的企业 i 的行为。固定最优价格 P_i 这一变量,三种情况下$\left(\text{分别是 } \alpha_j(b_k) > \alpha_i(b_k) \times \dfrac{\partial f(q_j)}{\partial q_j} \text{、} \alpha_j(b_k) = \alpha_i(b_k) \times \dfrac{\partial f(q_j)}{\partial q_j} \text{、} \alpha_j(b_k) < \alpha_i(b_k) \times \dfrac{\partial f(q_j)}{\partial q_j}\right)$企业 i 选择的 b_k^*(分别用 b_{k1}^*、b_{k2}^*、b_{k3}^* 表示)满足:$b_{k1}^* > b_{k2}^* > b_{k3}^*$。

这是因为固定 P_i^* 之后,b_{k1}^* 可以根据方程$(1 - b_k^*) \times \left[\dfrac{\partial M(b_k^*, P_i^*)}{\partial b_k} + \dfrac{\partial M(b_k^*, P_i^*)}{\partial P_i} \times \dfrac{\partial \alpha(b_k^*)}{\partial b_k}\right] = M(b_k^*, P_i^*)$ 获得;b_{k2}^* 根据方程$\left[1 - b_k^* \times f\left(\dfrac{1}{2}M(b_k^*, P_j^*)\right)\right] \times \left[\dfrac{\partial M(b_k^*, P_i^*)}{\partial b_k} + \right.$

$$\frac{\partial M(b_k^*,P_i^*)}{\partial P_i} \times \frac{\partial \alpha(b_k^*)}{\partial b_k}] = f\left(\frac{1}{2}M(b_k^*,P_j^*)\right) \times M(b_k^*,$$

$P_i^*)$ 获得；b_{k3}^* 可以根据方程 $\frac{\partial M(b_k^*,P_i^*)}{\partial b_k} + \frac{\partial M(b_k^*,P_i^*)}{\partial P_i} \times$

$\frac{\partial \alpha(b_k^*)}{\partial b_k} = 0$。可以发现三个方程中有共同的形式，只是系数不同，因此，可以得出关系式 $b_{k1}^* > b_{k2}^* > b_{k3}^*$。

对于相同的 P_i^*，以及 $b_{k1}^* > b_{k2}^* > b_{k3}^*$，可以得到三种情况下的最大收益（分别用 V_{i1}^*、V_{i2}^*、V_{i3}^*）的关系式：$V_{i1}^* > V_{i2}^* > V_{i3}^*$。

同样地，可以分析制定较低价格的企业的行为 j。

四 本节结论

本节的模型结果表明，在完全竞争市场下，企业比较倾向选择独立代理；在垄断性竞争市场下，制定较高价格的企业比较倾向选择共同代理，制定较低价格的企业比较倾向选择独立代理。

这个模型结果与本节第二部分中利用本章理论框架的研究成果分析得到的结果是一致的：完全竞争市场上的企业更倾向于选择独立代理；垄断竞争市场上，定价高的企业更倾向于选择共同代理，而定低价的企业更倾向于选择独立代理。这是因为，相比于完全竞争市场上企业是价格的接受者，在垄断竞争市场上的企业能够自主定价，这样一来，制定高价的企业就有能力支付给共同代理更多的报酬，根据我们前几章的分析，共同代理人更愿意与支付高报酬的委托人串谋，以实现更高的"联盟利益"，损害不参与串谋的委托人的利益，因此那些制定低价的企业如果选择共同代理人就会遭受更大的损失，所以他们倾向于选择独立代理。完全竞争市场上的企业它们没有自主定价的权利，也就没有任何能力支付给共同代理人更多的报酬，这样一来，即使企业选择了共同代理，那么共同代理人也没有动力串谋，串谋发生的条件不能实现，因此串谋很难发生。而且在完全竞争市场下，企业为了避免信息不对称带来的损失，宁愿放弃选择共同代理的规模经济而选择独立代理。

通过本节将理论框架在具体问题中的应用，我们可以发现：第一，分工细化下并不是都能够出现共同代理的关系，还有很多其他因素影响企业代理方式的选择。也就是说，纵向分工细化下的委托代理关系的具体形式（单一委托代理关系还是共同代理关系）受很多因素的影响，其中之一就是本节研究的市场结构；第二，串谋的发生需要满足条件，即使企业都选择同一个代理人，只要企业没动力或者共同代理人没有动力串谋，那么串谋也不会发生，本例中在完全竞争的市场上作为价格接受者的企业就没有动力或能力串谋。

第五节 本章小结

一 本章的研究目的

将身份信息不对称纳入共同代理框架中，研究身份信息经过共同代理人或委托人的行动最终是否会实现对称（身份信息最终状态），并且研究存在身份信息不对称时串谋发生的条件以及串谋发生后委托人、共同代理人均衡收益的变化。

在存在身份信息不对称的博弈互动模型中，研究初始信息状态是否会对均衡结果产生影响。

在扩展的"古诺模型"中研究串谋对市场效率的影响。

二　本章的研究内容

本章通过构建理论模型来研究该问题：

首先，构建了一个简单的博弈互动模型，目的是研究身份信息的最终状态是不是实现了对称，以及串谋实现的条件和影响结果，该模型还研究了初始的身份信息状态是否会对最终结果产生影响。

然后，本章以"古诺模型"为例，扩展了模型假设，使之成为一个存在身份信息隐蔽的共同代理人的分析框架，研究了串谋发生的条件、串谋对均衡结果的影响，并且比较了此扩展模型与传统"古诺模型"的均衡结果，研究了串谋对市场效率的影响。

最后，将理论框架应用于商品市场上的一个具体问题。

三　本章的研究结论

（一）在存在身份信息不对称的博弈互动模型中得到的结论

第一，串谋会发生，而且共同代理人只会选择一个委托人进行串谋，共同代理人和参与串谋的委托人获得更多的收益，而没有参与串谋的委托人则利益受损。委托人的均衡收益仅与他们支付给共同代理人的报酬相关，委托人给共同代理人的报酬越高，共同代理人越倾向于与这个委托人串谋，这个委托人就越有可能获得较高的均衡收益；反之，委托人会承受较高的损失。

第二，不管初始信息状态如何、不管委托人如何选择其分配信息的行动，这都不会影响他们各自最终的均衡收益，委托人的均衡收益只受共同代理人的行为选择的影响，即共同代理人与哪一方委托人串谋，该委托人就能获得较大的收益，而其他委托人则受得较大的损失。

(二)在存在身份信息不对称的"古诺模型"中得到的结论

第一，只存在分工细化并没有出现共同代理关系的"古诺模型"与传统"古诺模型"的均衡结果之间的比较：前者的市场更有效，即行业整体收益更高。

第二，串谋在一定条件下会出现。串谋对参与主体来说是有效的，能增加参与串谋的主体的收益，但串谋对市场效率来说不一定是有效的，在一定条件下，串谋能增加行业整体收益；在一定条件下，串谋也可能会减少行业整体收益。

(三)串谋发生时市场结构对企业代理方式选择的影响得到的结论

第一，模型结果与本节第二部分中应用本章理论框架研究的成果分析得到的结果一致：完全竞争市场上的企业更倾向于选择独立代理；垄断竞争市场上，定价高的企业更倾向于选择共同代理，而定低价的企业更倾向于选择独立代理。

第二，通过本节具体问题的分析，我们可以发现：其一，分工细化下并不是都能够出现共同代理的关系，还有很多其他因素影响企业代理方式的选择，也就是说纵向分工细化下的委托代理关系的具体形式(单一委托代理关系还是共同代理关系)受很多因素的影响,其中之一就是本节研究的市场结构;其二,串谋的发生需要满足条件,即使企业都选择同一个代理人,只要企业没动力或者共同代理人没动力串谋,那么串谋也不会发生,本例中在完全竞争的市场上作为价格接受者的企业就没有动力或能力串谋。

第五章　分工细化下的串谋问题

第一节　分工细化下串谋发生的机制

正如本书第三章第三节中提到的，纵向分工细化下交换双方可能会建立新的关系：委托代理关系。在某种产品或服务的供应链中上游企业与下游企业之间可能存在委托代理关系，当纵向分工越细化，在这个供应链中就存在越多级的委托代理关系。纵向分工细化产生的委托代理关系可以包含四种类型：单一的委托代理关系、共同代理关系、扩展的委托代理关系和复杂的多边委托代理关系。本书研究的是纵向分工细化下产生共同代理关系的情况。本书用"供应链"来代表纵向分工细化，当两条供应链交叉时，交叉点就是一个共同代理人。当两条交叉的供应链进行竞争时，共同代理人的行动会同时影响这两条供应链上的所有企业的收益情况。

当两条供应链发生交叉时，共同代理人了解自己是两条供应链的交叉点，即自己是两个委托人的共同代理人，但可能存在一种情况就是这两条供应链上的委托人并不知道两条供应链交叉了，即他们的代理人还是其他竞争委托人的代理人。这样一来，就出现了本书研究的"身份信息不对称"。根据本书第四章的研究结论，在存在身份信息不对称的共同代理框架下共同代理人与委托人的串谋可能发生，串谋发生需要满足一定的条件。

通过以上推理，由分工细化产生共同代理关系，当存在身份信息不对称时，串谋可能会发生。也就是说，在分工细化下串谋是可能发生的。这就是本节所说的分工细化下串谋发生的机制。

本章要研究的是在分工细化下发生串谋时对几类市场的均衡效率的影响，本章选择研究的问题有："囚徒困境"、非合作博弈、逆向选择和道德风险这四类。我们希望通过在上述四种模型中加入分工细化并使串谋发生，分析均衡结果与没加入分工细化时的均衡结果作比较，研究分工细化下的串谋是否能改变市场的效率这一问题。

第二节 运用分工细化下串谋发生的机制研究的问题

一 "囚徒困境"及非合作博弈扩展

非合作博弈的非帕累托最优的均衡结果就是"囚徒困境"的局面，即参与人同时非合作的行动使整体的收益最小，而且不能实现个体收益的最大化。解决非合作博弈的"囚徒困境"问题一般采用的方法是无限次重复博弈和策略性让步，这两种方法能比较有效地使非合作博弈中实现一定程度的"合作"。与非合作博弈不同的是，合作博弈中存在"联盟"，它是指存在具有约束力的协议时每个参与者根据自己的利益与其他部分的参与者组成的小集团。联盟是合作的最直接表现，参与者组成联盟并实现联盟利益的最大化，这是参与者的集体理性。当然参与者组成联盟也必须满足个体理性，即参与者从联盟分到的利益不能低于它自己能保证的最低收益。可以说，联盟是合作的载体。因为有联盟的存在，合作博弈实现的均衡就要比非合作博弈实现的均衡更有效率。但是，在非合作博弈中参与者是不可能组成联盟的，原因有两个：一是非合作博弈中不存在具有约束力的协议，联盟利益不能保证；二是非合作博弈中的参与者同时采取行动，不能在博弈开始前进行协商。所以，在传统的非合作博弈中，合作不能通过联盟来实现。

通过本书前面的描述，可以通过分工细化下的共同代理来实现串谋，因为串谋也是一种联盟，它也有可能实现更有效的均衡。所以现在的问题是在产生"囚徒困境"的非合作博弈中引入分工细化下的共同代理是不是能够出现串谋，串谋能否使新的均衡更有效率。也就是说，分工细化这一市场力量能不能使均衡结果更加有效率？

约翰纳什在其《非合作博弈》一文中指出，非合作博弈理论是基于联盟的缺失，也就是假设每个参与人独立行动，不能与其他任何人交流而结成联盟。非合作博弈中，参与人的决策是选择行动策略，每个参与人的收益受所有参与人的行动的影响。

本章对非合作博弈的扩展思路是：将非合作博弈中加入 m 个代理人。n 个参与人的决策变为选择代理人，代理人代替参与人选择行动策略。很明显的是，如果这 n 个参与人都选择了互不相同的代理人，那么共同代理没有出现，此时的非合作博弈本质没有发生变化，仍然是 n 个参与人的非合作博弈，只不过参与人由原来的参与人即委托人，变为现在的参与人即代理人，显然地，串谋也不会发生，均衡结果也不会改变。如果 n 个参与人中至少有两个参与人选择了同一个代理人，那么共同代理出现，共同代理与委托人之间串谋有可能发生，均衡结果就会改变。

将非合作博弈中引入分工细化，能够运用这样的机制——分工细化下可能出现身份隐蔽的共同代理人，从而可能出现串谋——来分析非合作博弈新的均衡。对比引入分工细化前后的均衡，我们会发现很有意义的结论。

本章第三节对经典的囚徒困境案例"鹰鸽博弈"和经典的非合作博弈案例"古诺模型"进行扩展，加入分工细化，研究串谋发生后均衡结果的变动情况。

二 逆向选择和道德风险

逆向选择是指信息不对称所造成市场上出现"劣币驱逐良币"的现象，即坏的商品挤出好的商品而充斥市场的现象。最常列举的例子是二手车市场，很明显那些质量高于平均质量的旧车是不会以平均质量的价格成交，因此只有那些质量低于平均质量的旧车才愿意以平均质量的价格成交。因此，在旧车市场上只存在质量低于平均质量的旧车，而不会存在质量较好的旧车，这就是逆向选择问题。逆向选择本质上是由于交易双方的信息不对称造成的，因为买方并不知道旧车的真实状况，因此难以判断其价格和质量的关系。

道德风险指的是人们为了实现自己的利益，而采取对别人产生损害的行为。因为委托人并不能控制代理人的行动，所以完全理性假设的代理人很可能会为了自身的利益而损害委托人的利益，道德风险是因为代理人和委托人的目标函数不一致导致的代理人"不顾道德"而选择"理性行为"。道德风险是由于行为信息不对称产生的，如果委托人对代理人的行为信息可控，那么就可以很好地解决道德风险。例如，股份制公司中，一般来说，股东拥有公司的所有权而职业经理（总经理）拥有股东赋予的管理权，当它们分离时，很大程度上会导致管理层的道德风险问题。这是因为由于公司的管理层与公司的所有人股东的收益结构不同，管理层可能会采取措施实现自己的利益最大化，但同时也可能会损害股东的利益，这就是公司治理要解决的道德风险问题。

目前主流经济学研究的解决由信息不对称导致的逆向选择问题需要构建显示信息模型，具体有两种渠道：一种是信号传递机制，即信息优势方主动通过他们可观察的行为把关于他们的不可观察的信息传递给信息劣势方；另一种是信息甄别机制，即信息劣势方设计机制甄别拥有不同私人信息的信息优势方。解决道德风险问题则需要构建显示行动模型。

本章第五节将经典的存在逆向选择的"柠檬市场"和存在道德风险的"公司治理模型"进行扩展，加入分工细化，研究了串谋发生后的结果，并提出了解决逆向选择和道德风险的有效措施。

第三节 存在分工细化的"鹰鸽博弈"和"古诺模型"

一 存在分工细化的"鹰鸽博弈"

（一）传统"鹰鸽博弈"及均衡结果

两个国家1、2的边界上有一个庞大的油田，但油田的拥有权并没有清楚界定，所以两国之间发生了冲突。在冲突中，两国的策略组合及收益如二阶矩阵所示：

		2 鸽	2 鹰
1	鸽	5, 5	0, 10
1	鹰	10, 0	3, 3

其中，当两国都表现鹰态时，双方都损失2个单位，并平分资源。

在这个非合作博弈中，（鹰，鹰）是一个严格占优的策略，即无论对方国家的策略如何，本国最优的策略都是鹰态。在（鹰，鹰）的策略下，双方都获得3个单位的收益，整体收益为6个单位。从上面矩阵可以看出，非合作博弈下实现的结果使整体收益最小，效率很低。

（二）对"鹰鸽博弈"的扩展

假设有一个第三国3（可看作加入分工细化），它可以与两个国家中的任何一个串谋，并为其串谋的国家提供武力支持。当 3 与 1 串谋时，收益矩阵如下：

		2 鸽	2 鹰
1	鸽	5, 5	0, 10
1	鹰	10, 0	8, -2

其中当两国都表现鹰态时，由于 1 国与 3 国串谋，它们会夺得整个资源的拥有权，但双方都还要损失 2 个单位。

在这种情况下，博弈的占优策略是（鹰，鸽），即无论 2 国的策略如何，1 和 3 串谋的最优策略都是鹰态；无论 1 和 3 的策略如何，2 国的最优策略都是鸽态。此时，非合作博弈实现的整体收益为 10 个单位，效率很高。1 和 3 串谋获得的收益为 10，串谋后的收益大于不串谋时 1 国收益（3 个单位）和 3 国（0 个单位）的和；2 国获得的收益为 0。可以得到一个结论：在扩展的"鹰鸽博弈"中，1 和 3 的串谋能使整体收益增加，而且也能使串谋内的个体收益增加。

同样地，3 也可以与 2 串谋，收益结果不再赘述。

（三）串谋收益的分配

在扩展的"鹰鸽博弈"中，3 国可以与 1 国串谋也可以与 2 国串谋，那么如何计算所有可能情况下每个国家能够分配的收益呢？本书利用合作博弈下基于每位参与者对联盟的期望边际贡献得来的沙普利值（Shapley Value）计算在所有可能情况下每个国家能够分得的收益的加权平均数。

2012 年诺贝尔经济学奖得主罗伊德·沙普利在他的 1953 年的文章《N 人博弈的值》中提出了合作博弈的一个重

要概念——沙普利值。合作博弈与非合作博弈相比，它更强调博弈的参与人能够通过纵横捭阖的联盟导致什么样的结果，在合作博弈中叫作核（Core），它就如同非合作博弈中的纳什均衡，它描述了一个各种联盟行为最终的结果，它是一个具有稳定性的局面，它不会被某些参与人通过进一步的联盟而击破。沙普利值可以看作一种分配联合收益的公平、合理的方式。也就是说，谁对联合收益的贡献越大，谁就应该分配的越多，沙普利值就越大。

要计算沙普利值，首先要找到所有可能的联盟结构并计算每种联盟结构下各个联盟的收益状况。

1. $\{1\}$、$\{2\}$、$\{3\}$

3国不参与到1和2的冲突中，此时的结果就是传统"鹰鸽博弈"下的均衡（鹰，鹰），各个联盟的收益为：$v(\{1\}) = v(\{2\}) = 3$；$v(\{3\}) = 0$。

2. $\{1, 3\}$、$\{2\}$

3国与1国串谋，此时的结果就是扩展的"鹰鸽博弈"下的均衡（鹰，鸽），各个联盟的收益为：$v(\{1, 3\}) = 10$；$v(\{2\}) = 0$。

3. $\{2, 3\}$、$\{1\}$

3国与2国串谋，根据博弈的对称性，此时的结果为（鸽，鹰），各个联盟的收益为：$v(\{2, 3\}) = 10$；$v(\{1\}) = 0$。

4. $\{1, 2, 3\}$

3国与1国、2国组成总联盟，此时的联盟收益$v(\{1, 2, 3\}) = 10$。

根据沙普利定理（Shaoley，1953），沙普利值的计算公式如下：

$$\varphi_i(v) = \sum_{S \subseteq N} \frac{(|S|-1)!(n-|S|)!}{n!}$$
$$[v(S) - v(S-\{i\})], \forall i \in N$$

其中，$|S|$ 是联盟 S 的成员数量。

应用沙普利定理，计算各国的沙普利值，结果为：$\varphi_1(v) = 3\frac{1}{6}$；$\varphi_2(v) = 3\frac{1}{6}$；$\varphi_3(v) = 3\frac{1}{6}$。

命题一：在传统的"鹰鸽博弈"中加入"第三国"（加入分工细化）后，能使博弈的整体收益增加，并且每个个体能分配到的平均收益也增加。

证明：在传统的"鹰鸽博弈"中加入"第三国"后，无论第三国与哪一个国家串谋，联盟的收益总是大于联盟前第三国的收益与联盟国收益的和，因此，串谋是一定会发生的。存在串谋的博弈均衡结果会使整体收益由 6 个单位变成 10 个单位，即串谋能使整体收益增加。

各国的沙普利值代表了所有可能联盟情况下各个国家能分得的收益的加权平均数，其中 1 国和 2 国的平均收益为 $3\frac{1}{6} > 3$，3 国的平均收益 $3\frac{2}{3} > 0$。可以说，串谋使每个个体的平均收益增加。证毕。

二 存在分工细化的"古诺模型"

（一）传统"古诺双寡头模型"及均衡结果

市场上有两家厂商 1、2，这两家厂商生产相同的产品，用 $q_i \in [0, \infty)$，$i = 1, 2$ 代表厂商 i 的产量，用 $Q = q_1 + q_2$ 代表市场的总产量。P 为市场出清的价格，P 是市场总产量 Q 的函数：$P = a - bQ$，$a > 0$，$b > 0$。这两家厂商没有固定成本，生产成本 $C = cq$，$i = 1, 2$，$0 < c < a$。这两家厂商同

时决定产量。厂商的利润为 $\pi_i = (a - bQ)q_i - cq_i$, $i = 1, 2$。
$\pi_i = (a - bQ)q_i - cq_i$, $i = 1, 2$。

非合作下，企业 i 的最优产量 q_i^* 满足：
$$q_i^* = \mathrm{argMax}\{[a - b(q_i + q_j^*) - c]q_i\},$$
$$i = 1, 2; j = 1, 2$$

厂商的均衡产量为：$q_1^* = q_2^* = \dfrac{a-c}{3b}$；厂商的均衡利润为：$\pi_1^* = \pi_2^* = \dfrac{(a-c)^2}{9b}$。

(二) 对"古诺双寡头模型"的扩展

假设两家厂商同时选择一家零售商（记为3），零售商决定每个企业产品投入市场的数量，记为 q'_1, q'_2。市场出清价格 P 由 q'_1 和 q'_2 决定，$P = a - b(q'_1 + q'_2)$。

3可以选择不与任何厂商串谋，那么3会把企业1、2的全部产品投入市场，即 $q'_1 = q_1$, $q'_2 = q_2$；如果3选择与1（或2）串谋，那么3会把1（或2）的全部产品投入市场，而把2（或1）的一半产品投入市场①，即 $q'_1 = q_1$, $q'_2 = \dfrac{1}{2}q_2$（或 $q'_1 = \dfrac{1}{2}q_1$, $q'_2 = q_2$）；如果3与1和2都串谋，那么3会把垄断总产量 $\left(\dfrac{a-c}{b}\right)$ 投入市场，串谋的利益为垄断利润 $\left(\dfrac{(a-c)^2}{2b}\right)$。②③ 当3与厂商串谋时，它要与串谋的厂商

---

① 3将2（或1）的一半产品投入市场是本章模型的一个具体化的假设，一般化的模型是用一个比例 δ，δ ∈ (0, 1) 来表示3投入市场的厂商2（或1）的产品数量，然后根据联盟收益的最大化来决定最优的 δ，在本章第三部分的一般化模型中就采用了这种方法。

② 这个假设是为了保证博弈是有结合力的，即总联盟的收益比任何一个小联盟的收益高。

③ 这些都是市场信息，即1、2、3的公共信息。

一起分享串谋收益；当 3 不与厂商串谋时，3 的收益是厂商销售额的一定比例（记为 γ）的抽成。

（三）串谋收益的分配

在扩展的"古诺双寡头模型"中，所有可能的联盟结构有：

1. $\{1\}$、$\{2\}$、$\{3\}$

3 不与 1 和 2 串谋，此时的结果就是传统"古诺双寡头模型"的均衡，1 和 2 的均衡产量是 $q_1^* = q_2^* = \dfrac{a-c}{3b}$；1、2、3 的均衡收益是 $\pi_1^* = \pi_2^* = \dfrac{(a-c)^2}{9b}(1-\gamma)$，$\pi_3 = \dfrac{2(a-c)^2}{9b}\gamma$；整体收益为 $\pi = \dfrac{2(a-c)^2}{9b}$。

2. $\{1, 3\}$、$\{2\}$

3 选择与 1 串谋，那么 1 和 2 的均衡产量满足：

$$q_1^* = \arg\mathrm{Max}\left\{\left[a - b\left(q_1 + \frac{1}{2}q_2^*\right) - c\right]q_1\right\}$$

$$q_2^* = \arg\mathrm{Max}\left\{\left[a - b\left(q_1^* + \frac{1}{2}q_2\right)\right]\frac{q_2}{2} - cq_2\right\}$$

1 和 2 的均衡产量是 $q_1^* = \dfrac{a}{3b}$，$q_2^* = \dfrac{2a-6c}{3b}$；1 和 3 的联盟、2 的均衡收益是 $\pi_{1,3}^* = \dfrac{a^2}{9b}$，$\pi_2^* = \dfrac{(a-3c)^2}{9b}(1-\gamma)$；整体收益为 $\pi = \dfrac{(a-3c)^2 + a^2}{9b}$。

3. $\{2, 3\}$、$\{1\}$

3 选择与 2 串谋，根据博弈的对称性，这种博弈结构下的结果与第二种情况的结果是对称的，即 1 和 2 的均衡产

量是 $q_1^* = \dfrac{2a-6c}{3b}$, $q_2^* = \dfrac{a}{3b}$; 2 和 3 的联盟、1 的均衡收益是 $\pi_{2,3}^* = \dfrac{a^2}{9b}$, $\pi_1^* = \dfrac{(a-3c)^2}{9b}(1-\gamma)$; 整体收益为 $\pi = \dfrac{(a-3c)^2 + a^2}{9b}$。

4. $\{1,2,3\}$

3 选择与 1 和 2 串谋，根据假设 1 和 2 都知道 3 会把垄断产量投入市场，根据博弈的对称性可得，1 和 2 的均衡产量是 $q_1^* = q_2^* = \dfrac{a-c}{2b}$; 1、2、3 的联盟收益是 $\pi_{1,2,3}^* = \dfrac{(a-c)^2}{2b}$。

同样地，利用沙普利定理计算所有可能联盟情况下厂商 1、2 和零售商 3 能够分得的收益的加权平均数，结果为: $\varphi_1(v) = \varphi_2(v) = \dfrac{12(a-c)^2 - a^2}{54b} - \dfrac{5(a-c)^2}{54b}\gamma$, $\varphi_3(v) = \dfrac{2a^2 + 3(a-c)^2}{54b} + \dfrac{5(a-c)^2}{27b}\gamma$。

命题二：在传统的"古诺双寡头模型"中加入分工细化（共同的零售商）之后，在满足一定的条件下，博弈的整体收益和个体平均收益会增加。

证明：传统的"古诺双寡头模型"加入共同的零售商后，在本章模型设定下，总联盟的收益一定大于联盟前的整体收益，因为垄断利润 $\left(\pi_{1,2,3}^* = \dfrac{(a-c)^2}{2b}\right)$ 一定大于寡头竞争的总利润 $\left(\pi = \dfrac{2(a-c)^2}{9b}\right)$。当满足 $\dfrac{(a-3c)^2 + a^2}{9b} > \dfrac{2(a-c)^2}{9b}$ 即 $\dfrac{2}{7}a < c < a$ 时，1 和 3（或 2 和 3）的串谋收益大于串谋前的收益。

当满足 $\frac{2}{7}a < c < a$ 这一条件时，任何串谋都能使博弈整体收益增加。

根据沙普利值的结果，当 $\left[\frac{12(a-c)^2-a^2}{54b} - \frac{5(a-c)^2}{54b}\gamma\right] > \frac{(a-c)^2}{9b}(1-\gamma)$ 即 $\gamma > \frac{11(a-c)^2-a^2}{4(a-c)^2}$ 时，厂商 1 和 2 的平均收益都增加了。当 $\left[\frac{2a^2+3(a-c)^2}{54b} + \frac{5(a-c)^2}{27b}\gamma\right] > \frac{2(a-c)^2}{9b}\gamma$ 时，零售商 3 的平均收益增加，因为 $0 < \gamma < 1$，$\left[\frac{2a^2+3(a-c)^2}{54b} + \frac{5(a-c)^2}{27b}\gamma\right] > \frac{2(a-c)^2}{9b}\gamma$ 一定成立。

当满足 $\gamma > \frac{11(a-c)^2-a^2}{4(a-c)^2}$ 这一条件时，串谋能使厂商 1 和厂商 2 以及零售商 3 的平均收益都增加。证毕。

命题三：在传统的"古诺双寡头模型"中加入分工细化（共同的零售商）之后，在一定的条件下，博弈的整体收益会增加，但个体平均收益不都是增加的，也就是说，可能会出现共同代理人的平均收益增加，但两个厂商的收益不增加的情况。这是因为此时共同代理人对联盟的贡献更大（沙普利值更大），因此共同代理人分配了更多的收益。

证明：借鉴命题二的证明过程，当满足 $\frac{2}{7}a < c < a$ 这一条件时，任何串谋都能使博弈整体收益增加；当不满足这一条件时，总联盟的整体收益也增加。当不满足 $\gamma > \frac{11(a-c)^2-a^2}{4(a-c)^2}$ 这一条件时，厂商 1 和 2 的平均收益不增加。

总联盟下当不满足 $\gamma > \dfrac{11(a-c)^2 - a^2}{4(a-c)^2}$ 时，虽然整体收益增加了，但厂商的平均收益没有增加。这是因为，共同代理人分配了更多的收益，表现在共同代理人的沙普利值变大。沙普利值代表每个参与人在各种可能联盟情况下分得的收益的加权平均数，它衡量了每个参与人对各个联盟的边际贡献，贡献越大，沙普利值越高。当总联盟下当不满足 $\gamma > \dfrac{11(a-c)^2 - a^2}{4(a-c)^2}$ 时，共同代理对联盟的贡献要更大，因此沙普利值变大，共同代理也就分配了更多的收益。证毕。

从本章的研究结果可以看出，在"囚徒困境"中加入分工细化可能会在一定程度上解决"囚徒困境"的问题，能增加整个博弈的收益，因此，本章第四节构建了一个存在分工细化的一般化的非合作博弈模型，研究了串谋增加整体收益的条件。

第四节　存在分工细化的一般化非合作博弈模型分析

一　基本假设

经济中有三个主体，$N = \{1, 2, 3\}$，其中 1，2 是委托人（非合作博弈的参与者），3 是共同代理人。假设 1，2 同时且独立地与 3 签订委托代理合同，也就是说，1 和 2 都不知道 3 是他们的共同代理人。[①] 为了简化问题，假设委托人

[①] 这里的假设与扩展的"古诺双寡头模型"的假设不同。

分配给3的任务是破坏对方使其遭受损失,委托人1,2分别给3制定了任务量,记为 l_2,l_1,其中 l_2 是1给3的任务(使2遭受的损失), l_1 是2给3的任务(使1遭受的损失)。1和2给3的报酬结构是对方实际损失的函数,记为 $P_i(l'_j)$,$i=1,2$;$j=1,2$,其中,l'_j 表示主体 j 遭受的实际损失。

假设委托人1和2竞争的项目的最大收益为1个单位,但如果1和2之间存在竞争,即互相使对方遭受损失的话,项目的收益会下降,用 $W(l'_1, l'_2)$ 表示项目的收益,满足 $\frac{\partial W}{\partial l'_1}<0$,$\frac{\partial W}{\partial l'_2}<0$。为了分析方便,把收益函数具体化为:

$$W(l'_1, l'_2) = \begin{cases} 1 & l'_1 = l'_2 = 0 \\ 1 - \frac{2}{\pi}\arctan(l'_1 + l'_2) & l'_1 + l'_2 > 0 \end{cases}$$

委托人1从项目收益中分得的收益记为 W_1,委托人2从项目收益中分得的收益记为 W_2,满足 $W_1 + W_2 = W(l'_1, l'_2)$。为了分析得方便,把 W_1 和 W_2 具体化为:

当 $0 \leq l'_1, l'_2 < \bar{l}$ 时,W_1 和 W_2 的分配要依据委托人1和假设2的客观条件,假设1和假设2能保证的最低的收益为 W_1^0 和 W_2^0,此时 $W_1 = W_1^0 + e$,$W_2 = 1 - W_1^0 - e$,e 是一个随机变量,满足 $0 \leq e \leq 1 - W_1^0 - W_2^0$。记 $\bar{l}$ 为不影响委托人收益分配的最大损失,即损失小于 $\bar{l}$ 时,委托人可以不受其影响,但是当损失大于 $\bar{l}$ 时,委托人的收益分配受到影响。

当 $l'_1 + l'_2 \geq \bar{l}$ 时,$W_1 = W_1^0 + \frac{l'_2}{l'_1 + l'_2}[W(l'_1, l'_2) - W_1^0 - W_2^0]$、$W_2 = W_2^0 + \frac{l'_1}{l'_1 + l'_2}[W(l'_1, l'_2) - W_1^0 - W_2^0]$。

共同代理人3可以选择与委托人1(或2)串谋,当串谋出现后，3 会完全完成委托人 1（或 2）的任务，即 $l'_2 = l_2$（或 $l'_1 = l_1$），但只会完成 2（或 1）交给任务的一定比例 δ，$\delta \in [0, 1)$，即 $l'_1 = \delta l_1$（或 $l'_2 = \delta l_2$）。如果代理人 3 选择同时与 1 和 2 串谋，那么 3 不会完成任何任务，即 $l'_2 = l'_1 = 0$，实现的联盟收益为项目的最大收益 1。

二 均衡结果分析

（一）非合作博弈的均衡结果

在非合作博弈下，委托人 1 和委托人 2 虽然选择同一个代理人 3，但此时 3 仅仅是两个独立的委托代理关系中的代理人，3 不参与该非合作博弈，即 3 完全地完成委托人的任务，并获得按报酬结构支付的报酬。

委托人 1 和委托人 2 同时决定最优的选择 l_2^* 和 l_1^*，满足：

$$l_2^* = \arg\text{Max}\left\{W_1^0 + \frac{l_2}{l_1^* + l_2}\left[1 - \frac{2}{\pi}\arctan(l_1^* + l_2) - W_1^0 - W_2^0\right]\right\}$$

$$l_1^* = \arg\text{Max}\left\{W_2^0 + \frac{l_1}{l_2^* + l_1}\left[1 - \frac{2}{\pi}\arctan(l_2^* + l_1) - W_1^0 - W_2^0\right]\right\}$$

根据博弈的对称性，得到：$l_2^* = l_1^*$，满足 $\dfrac{2l_1^*}{(1 + 2l_1^*)^2} = \dfrac{\pi}{2} - \arctan(2l_1^*) - W_1^0 - W_2^0$。整体收益为 $W(l_1^*, l_2^*)$，委托人的收益为：$W_1 = \dfrac{1}{2}[W(l_1^*, l_2^*) + W_1^0 - W_2^0] - P_1(l_2^*)$、$W_2 = \dfrac{1}{2}[W(l_1^*, l_2^*) + W_2^0 - W_1^0] - P_2(l_1^*)$[①]，共同代理人 3 的收益为：$W_3 = P_1(l_2^*) + P_2(l_1^*)$。

---

① $l_1^* \geq \bar{l}$ 和 $l_2^* \geq \bar{l}$，$W_1 > W_1^0$，$W_2 > W_2^0$ 一定成立，否则委托人没有竞争的动力。

（二）3选择与某一个委托人（1或2）串谋的结果

以3与1串谋为例。因为2不知道3的共同代理身份，因此，2的最优选择仍然是非合作博弈下的均衡结果，即 $l_1^{**} = l_1^*$。1和3的联盟在2的最优选择下选择 l_2^{**} 和 δ^* 最大化联盟的收益。

当 $\delta^* \geq 0$，$l_2^{**} \geq \bar{l}$ 时，(l_2^{**}, δ^*) 满足：

$$(l_2^{**}, \delta^*) = \mathrm{argMax}\left\{W_1^0 + \frac{l_2}{\delta l_1^* + l_2}\left[1 - \frac{2}{\pi}\arctan(\delta l_1^* + l_2) - W_1^0 - W_2^0\right]\right\}$$

根据一阶条件，解得 $\delta^* = 0$，$l_2^{**} = \bar{l}$。整体收益为 $W(\bar{l}, 0)$，1和3联盟的收益 $W_{1,3} = W(\bar{l}, 0) - W_2^0$，委托人2的收益为 $W_2 = W_2^0$。

同样地，可以得到3选择与2串谋的结果，即 $l_1^{**} = \bar{l}$，$\delta^* = 0$，$l_2^{**} = l_2^*$。整体收益为 $W(\bar{l}, 0)$，2和3联盟的收益为 $W_{2,3} = W(\bar{l}, 0) - W_1^0$，委托人1的收益为 $W_1 = W_1^0$。

（三）3选择与两个委托人1和委托人2串谋的结果

当3同时与两个委托人联盟时，根据假设，$l_2' = l_1' = 0$，联盟的收益为 $W_{1,2,3} = 1$。

利用沙普利定理计算所有可能联盟情况下厂商1、厂商2和零售商3能够分得的收益的加权平均数，结果为：

$$\varphi_1(v) = \frac{1}{3} + \frac{1}{4}W(l_1^*, l_2^*) - \frac{2}{3}P_1(l_2^*) - \frac{1}{6}P_2(l_1^*) - \frac{1}{6}W(\bar{l}, 0) - \frac{1}{6}W_2^0 + \frac{1}{3}W_1^0$$

$$\varphi_2(v) = \frac{1}{3} + \frac{1}{4}W(l_1^*, l_2^*) - \frac{2}{3}P_2(l_1^*) - \frac{1}{6}P_1(l_2^*) - \frac{1}{6}W(\bar{l}, 0) - \frac{1}{6}W_1^0 + \frac{1}{3}W_2^0$$

$$\varphi_1(v) = \frac{1}{3} - \frac{1}{2}W(l_1^*, l_2^*) + \frac{5}{6}P_1(l_2^*) + \frac{5}{6}P_2(l_1^*) +$$
$$\frac{1}{3}W(\bar{l}, 0) - \frac{1}{6}W_2^0 - \frac{1}{6}W_1^0$$

命题四：在一般化的模型下，共同代理人作为委托人的非合作博弈之外的主体，他可以选择不参与该非合作博弈（不与委托人串谋），也可以选择与委托人串谋参与到非合作博弈中。当满足一定条件时，共同代理与委托人串谋能实现博弈整体收益和个体收益的增加。

证明：当共同代理不参与委托人的非合作博弈时，整体收益为 $W(l_1^*, l_2^*)$，委托人均衡的收益分别为：$W_1 = \frac{1}{2}[W(l_1^*, l_2^*) + W_1^0 - W_2^0] - P_1(l_2^*)$、$W_2 = \frac{1}{2}[W(l_1^*, l_2^*) + W_2^0 - W_1^0] - P_2(l_1^*)$，共同代理的收益为：$W_3 = P_1(l_2^*) + P_2(l_1^*)$；当共同代理与1串谋时，整体收益为 $W(\bar{l}, 0)$，联盟的收益为：$W_{1,3} = W(\bar{l}, 0) - W_2^0$；当共同代理与2串谋时，整体收益为 $W(\bar{l}, 0)$，联盟的收益为：$W_{2,3} = W(\bar{l}, 0) - W_1^0$。

因为 $l_1^* \geq \bar{l}$、$l_2^* \geq \bar{l}$，所以 $W(l_1^*, l_2^*) < W(\bar{l}, 0) < 1$ 一定成立。可以得到结论：任何串谋都能使整体收益增加。

当满足 $W_{1,3} > W_1 + W_3$ 并且 $W_{2,3} > W_2 + W_3$ 这一条件时，即满足 $\text{Max}\{P_1(l_2^*), P_2(l_1^*)\} < W(\bar{l}, 0) - \frac{1}{2}[W(l_1^*, l_2^*) + W_1^0 + W_2^0]$，1和3的联盟以及2和3的联盟具有协同效应，符合联盟理性。

当满足 $\varphi_1(v) > W_1$、$\varphi_2(v) > W_2$ 和 $\varphi_3(v) > W_3$ 条件时，

即满足 $\text{Min}\{\frac{1}{3}P_1(l_2^*) - \frac{1}{6}P_2(l_1^*) + \frac{1}{3}W_2^0 - \frac{1}{6}W_1^0, \frac{1}{3}P_2(l_1^*) - \frac{1}{6}P_1(l_2^*) + \frac{1}{3}W_1^0 - \frac{1}{6}W_2^0\} > \frac{1}{4}W(l_1^*, l_2^*) + \frac{1}{6}W(\bar{l}, 0) - \frac{1}{3}$，串谋使委托人 1 和 2、共同代理 3 的个体收益增加。证毕。

命题五：在一般化的模型下，委托人的异质性［模型中的 W_1^0，W_2^0、$P_1(l_2)$、$P_2(l_1)$］会影响委托人在所有可能联盟情况下分配的平均收益，即沙普利值。这是因为这些异质性影响委托人对组成每个可能联盟的贡献。

证明：在一般性共同代理框下，委托人以及共同代理人的沙普利值的结果为：

$$\varphi_1(v) = \frac{1}{3} + \frac{1}{4}W(l_1^*, l_2^*) - \frac{2}{3}P_1(l_2^*) - \frac{1}{6}P_2(l_1^*) - \frac{1}{6}W(\bar{l}, 0) - \frac{1}{6}W_2^0 + \frac{1}{3}W_1^0$$

$$\varphi_2(v) = \frac{1}{3} + \frac{1}{4}W(l_1^*, l_2^*) - \frac{2}{3}P_2(l_1^*) - \frac{1}{6}P_1(l_2^*) - \frac{1}{6}W(\bar{l}, 0) - \frac{1}{6}W_1^0 + \frac{1}{3}W_2^0$$

$$\varphi_1(v) = \frac{1}{3} - \frac{1}{2}W(l_1^*, l_2^*) + \frac{5}{6}P_1(l_2^*) + \frac{5}{6}P_2(l_1^*) + \frac{1}{3}W(\bar{l}, 0) - \frac{1}{6}W_2^0 - \frac{1}{6}W_1^0$$

比较 $\varphi_1(v)$ 和 $\varphi_2(v)$ 可以发现，W_1^0 和 W_2^0 的不同、$P_1(l_2)$ 和 $P_2(l_1)$ 的不同决定了 $\varphi_1(v)$ 和 $\varphi_2(v)$ 的不同。在其他变量相等的情况下，如果 $W_1^0 > W_2^0$，那么 $\varphi_1(v) > \varphi_2(v)$，此时委托人 1 分得的收益比 2 分得的收益大。$W_1^0 > W_2^0$ 说明委托人 1 能保证的最低收益比委托人 2 能保证的最低收益

高，共同代理人 3 更愿意与 1 组成联盟，因此 1 的个体理性要求从联盟中分得的收益更高。在其他变量相等的情况下，如果 $P_1(l_2) > P_2(l_1)$，那么 $\varphi_1(v) < \varphi_2(v)$，此时委托人 1 分得的收益比 2 分得的收益小。$P_1(l_2) > P_2(l_1)$ 表示委托人 1 愿意支付给代理人的报酬比 2 愿意支付的要高，这种情况下 3 更愿意与 2 组成联盟来分配联盟的收益，因此委托人 2 分得的平均收益要比 1 分得的收益更高。证毕。

在非合作博弈中加入分工细化后的均衡结果有这样两个特点：第一，无"共同代理人"参与的非合作博弈是一种"囚徒困境"，即均衡结果所实现的整体收益最小，个体收益不会最大，即均衡是低效率的；第二，"共同代理人"以与委托人串谋的方式参与非合作博弈，串谋具有协同效应，即联盟的收益大于无联盟时共同代理和委托人收益的和，而且串谋会对联盟外的委托人造成损害，即委托人的收益低于无联盟时的收益。当满足一定条件时，在非合作博弈中加入共同代理能够实现一定程度的合作，整体收益和个体收益都会增加。

第五节 存在分工细化的"柠檬市场"和"公司治理模型"

一 存在分工细化的"柠檬市场"（The Market for Lemons）

研究逆向选择问题中最著名的是阿克洛夫提出的"柠檬市场"模型。"柠檬市场"本质上与前面所提到的"旧车市场"一样,在柠檬市场上,由于买卖双方的信息不对称导致逆向选择,最终的结果就是好的商品退出市场、坏的商品充斥市场。

如果将一个共同代理作为一个新的市场主体加入柠檬市场中,实现分工细化,那么会有什么新的结果?不妨将这个共同代理定义为商品买卖双方提供交易场所、交易规则、交易保障的一个机构,这个机构负责核定商品的真实质量水平,提供独立的第三方质量评价,保障买卖合同的权威性和合法性。这样一来,提供好商品的卖方愿意加入到这个机构进行交易,想要买到好商品的买方也愿意加入到这个机构进行交易,双方交易的价格根据该机构提供的独立第三方的质量报告定价;而那些提供坏商品的卖方则在这个机构之外的市场交易,交易的价格也是按照低质量来定价,这样一来好商品和坏商品就区分开来,逆向选择问题也就解决了。

如果卖方和共同代理串谋,将质量差的商品以高价格卖给买方,这样一来,"柠檬市场"还是存在的,而且坏的商品可以卖更高的价格。但是,因为串谋的发生是有条件的,所以通过可以改变某些变量使串谋不发生,那么逆向选择问题得到解决。例如,假设如果卖方和共同代理合谋,那么买方就会采取"触发策略"(trigger strategy),即买方会退出这个市场不再通过共同代理进行交易。从长期利益来看,共同代理人的最优策略不会是选择与卖方合谋,而是作为公正的第三方共同代理人。可以说,在"柠檬市场"中加入共同代理,并改变一些变量使串谋发生的条件不满足时,可以有效地解决由于信息不对称导致的逆向选择问题。

二 存在分工细化的"公司治理模型"

公司治理，是居于企业所有权层次，研究如何授权给职业经理人并针对职业经理人履行职务行为行使监管职能的科学。因为公司所有权和经营权的分离，而且加上公司所有者与经营者的目标的不一致，导致经营者道德风险的出现。为了应对经营者的道德风险，所有人可能会加大对经营者的监督，或者直接给予经营者一部分公司的股份，使两者的目标趋于一致。

如果在公司治理模型中加入一个共同代理人，实现分工细化，那么道德问题是不是也能够很好地解决，不妨将这个共同代理定义为经营者的能力、努力程度以及绩效提供客观评价的第三方，这个共同代理人同时与所有人和经营者签订委托代理合同，经营者的报酬与共同代理人的评价挂钩。这样一来，经营者的目标趋同于所有人的目标，因此道德问题也得到解决。

如果共同代理人与经营者或所有人的某一方串谋，那么利益受损害的另一方也会采取"触发策略"，即不会采取合作的方式。比如，如果所有人与共同代理人合谋损害经营者的利益，那么经营者可能会采取对公司不利的做法；如果经营者与共同代理人合谋损害所有人的利益，那么所有人会解雇经营者甚至会损害经营者的声誉。不管如何，从公司或者经营者的长远利益来看，他们都不会选择与共同代理人串谋。可以说，在公司治理模型中加入共同代理，并使串谋不发生时，可以有效地解决由于行动信息不对称导致的道德风险问题。

第六节 本章小结

一 本章的研究目的

本章是为了研究：在市场竞争中，当分工细化产生委托代理关系（包括单一的委托代理关系和共同代理关系）并发生串谋时，均衡结果与不存在分工细化时的结果相比是否更有效率，也就是说分工细化下的串谋能不能提高市场效率。

二 本章的研究内容

本章通过拓展经典的"囚徒困境"案例和存在市场失灵的案例来研究这一问题：

首先，在经典模型中引入分工细化，拓展了"鹰鸽博弈"和"古诺模型"，比较了拓展前后（存在分工细化和不存在分工细化）模型的均衡结果，并得到了很有意义的结论。

其次，本章构建了一个存在分工细化的解决"囚徒困境"的一般化的模型，并研究了分工细化使市场变得更有效的条件。

最后，拓展了分别存在逆向选择和道德风险的两个案例"柠檬市场"和"公司治理模型"，将分工细化引入模型中，并提出了解决这两类市场失灵的有效建议。

三 本章的研究结论

（一）存在分工细化的"鹰鸽博弈"和"古诺模型"中得到的结论

第一，在传统的"鹰鸽博弈"中加入"第三国"后，无论第三国与哪一个国家串谋，联盟的收益总是大于联盟前第三国的收益与联盟国收益的和，因此，串谋是一定会发生的。在传统的"鹰鸽博弈"中加入"第三国"（加入分工细化）后，能使博弈的整体收益增加，并且每个个体能分配到的平均收益也增加。

第二，在传统的"古诺双寡头模型"中加入分工细化（共同的零售商）之后，在满足一定的条件下，串谋会发生，并且使博弈的整体收益和个体平均收益增加。

（二）存在分工细化的解决"囚徒困境"的一般化模型中得到的结论

第一，在一般化的模型下，共同代理人作为委托人的非合作博弈之外的主体，他可以选择不参与该非合作博弈（不与委托人串谋），也可以选择与委托人串谋参与到非合作博弈中。当满足一定条件时，共同代理与委托人串谋能实现博弈整体收益和个体收益的增加。

第二，在一般化的模型下，委托人的异质性会影响委托人在所有可能联盟情况下分配的平均收益，即沙普利值。这是因为这些异质性影响委托人对组成每个可能联盟的贡献。

第三，在非合作博弈中加入分工细化后的均衡结果有这样两个特点：其一，无"共同代理人"参与的非合作博弈是一种"囚徒困境"，即均衡结果所实现的整体收益最小，个体收益不会最大，即均衡是低效率的；其二，"共同代理人"以与委托人串谋的方式参与非合作博弈，串谋具有协同效应，即联盟的收益大于无联盟时共同代理和委托人收益的和，而且串谋会对联盟外的委托人造成损害，即委托人的收益低于无联盟时的收益。当满足一定条件时，在非合作博弈中加入共同代理能够实现一定程度的合作，整体收益和个体收益都会增加。

（三）存在分工细化的"柠檬市场"和"公司治理模型"中得到的结论

第一，在"柠檬市场"中引入分工细化，将共同代理人定义为一个独立的第三方机构，买方在受到欺诈时采取"触发策略"，那么串谋不会发生，"柠檬市场"的逆向选择问题能够得到有效的解决。

第二，在"公司治理模型"中引入分工细化，将共同代理人定义为提供客观独立评价的第三方，两个委托人在受到欺诈时都采取"触发策略"，那么串谋不会发生，"公司治理模型"的道德风险问题能够得到有效的解决。

第六章 理论成果在金融市场上的应用

第一节 分工细化、共同代理及其影响下的串谋与金融市场的公平性

一 串谋的发生对金融市场公平性的影响

在金融市场上，各类市场参与主体之间的关系是错综复杂的，其中包括证券投资人、证券发行人、证券中介机构、监管机构、证券交易所、机构投资者、保荐人等市场参与主体，其中大多数主体之间的关系是委托代理关系，例如证券投资人、证券发行人与证券中介机构的关系，证券发行人与保荐人、承销证券的证券交易所之间的关系，个人投资者与机构投资者之间的关系，它们都是委托代理关系。我们知道，由于存在信息不对称，委托代理关系下会出现逆向选择和道德风险等市场失灵问题，而且，还会存在信息优势主体之间的勾结串谋问题。

虽然我国出台了《证券法》来维护金融市场上证券交易的公平、公正、公开的良好环境，但是从现实中的证券市场来看还是出现了很多问题，主要表现为：市场上的证

券发行人披露的信息有虚假记载、误导性陈述或者重大遗漏，导致投资人在证券交易中遭受损失；证券发行人伪造、变造股票、公司和企业债券的情况时有发生；证券经纪人编造并传播证券交易虚假信息、诱骗投资者买卖证券、操纵证券交易价格的现象层出不穷；中介组织人员提供虚假证明文件或出具证明文件重大失实；证券发行人、证券经纪人与证券发行人进行内幕交易。这些违规行为都严重影响证券交易的正常运行，严重损害金融市场的健康稳定发展。

由于委托代理关系中，不可避免地会存在信息不对称的问题，这样逆向选择和道德风险问题就会发生。而且根据本书的理论研究，当存在身份信息不对称的共同代理关系时，串谋的发生也会引起各主体之间收益分配结构的不公平。这些问题在证券市场上就体现为上述的违规行为。无论是传统文献研究的逆向选择和道德风险问题，还是本书研究的共同代理下的串谋问题都是破坏金融市场公平性的，严重损害了金融市场的健康稳定发展。

本书第四章的理论研究结果表明串谋的发生会改变参与主体收益的分配结构，串谋的主体收益增加，没有串谋的主体收益遭受严重损失，这就会导致金融市场上不参与串谋的主体进入市场的积极性下降，违反公平、公正、公开的交易原则，阻碍证券交易的正常运行。

本书第三章第一节介绍的金融市场上的案例——物流金融服务中，如果物流企业与融资企业串谋，串谋的形式可能是物流企业为金融机构提供虚假的商品买卖信息，真实的交易是不存在的，那么金融机构的利益就会减少甚至会遭受很大的损失。这样一来，物流金融服务市场上就毫无公平性可言，会严重阻碍物流金融服务创新的发展。

二 从串谋的角度保障金融市场公平性的措施

我们知道，在金融市场上发生的串谋会严重破坏公平性原则，影响其稳定健康的发展，因此应想办法防止串谋的发生。本书第四章的理论模型研究了存在身份信息不对称的共同代理关系下串谋发生的必要条件，并得出结论：只有当满足特定的条件时，串谋才会发生。应用第四章的这一结论，我们可以通过控制串谋发生的条件来防止串谋的发生。我们可以改变串谋发生的条件中的一些变量使条件不满足，这样串谋就不会发生，通过这一举措可以有效地保障金融市场上的公平性。

针对单一委托代理关系下出现的逆向选择和道德风险问题，本书第五章也研究了加入分工细化的"柠檬市场"和"公司治理模型"中逆向选择和道德风险问题的解决办法。在金融市场上，可以加入一个独立的第三方机构作为单一委托代理关系的中介，使单一委托代理关系变为共同代理关系，并通过控制串谋发生的条件使串谋不发生来有效地解决逆向选择和道德风险问题。

第二节 分工细化、共同代理及其影响下的串谋与金融市场的效率

一 串谋对金融市场效率的影响

效率在经济学中多以帕累托效率表述，但是因为金融市场的特殊性，对市场效率的认识就与实体经济的效率有

很大的不同。本书要分析的主要是金融市场上的资源配置效率：如果资源配置优化那么整个金融市场的整体收益增加，如果资源配置劣化那么整个金融市场的整体收益减小。因此，可以用市场的整体收益这一指标来反映金融市场的资源配置效率。

在金融市场上，串谋的发生会改变参与主体的收益分配结构，但是串谋对整个市场效率的影响是不确定的。本书第五章研究的是分工细化下的串谋对市场效率的影响，将第五章的理论研究成果应用在金融市场上，可以得出串谋的发生对金融市场效率的影响。

在金融市场上，由于证券交易的专业化程度较高，证券市场上的分工越来越细化，因此很多证券的发行和交易都是通过证券中介机构进行的，这些证券中介就是大量的证券投资人和证券发行人的共同代理人。由于存在身份信息的不对称，在证券交易过程中，串谋也是很容易发生的。例如，我们前面提到的违规行为：证券经纪人编造并传播证券交易虚假信息、诱骗投资者买卖证券、操纵证券交易价格；中介组织人员提供虚假证明文件或出具证明文件重大失实；证券发行人证券经纪人与证券发行人进行内幕交易，这些都是金融市场上串谋的具体表现。根据本书理论框架的研究结论，串谋发生后会对金融市场的整体效率产生影响，但影响的方向不确定：在满足一定条件时，串谋会提高金融市场的效率。也就是说，串谋的发生会使金融市场的整体收益增加，串谋使"蛋糕"做大了；否则，串谋会拉低金融市场的效率，即串谋的发生会使金融市场的整体收益减少。

本书第三章第一节介绍的物流金融服务案例中，不可否认的是,在满足一定条件时,串谋会增加整体的收益,提高资源配置效率。但是,如果物流企业与融资企业的串谋发生,那么金融机构的收益会减少,这样一来,参与物流金融服务的金融机构就会降低积极性,或者对物流企业和融资企业施加更高的准入门槛等。无论金融机构采取什么降低风险的措施,从长远来看都不利于物流金融服务的发展。因此,串谋在短期内可能提高资源配置效率,但是由于串谋的发生会使金融市场丧失公平性,所以长期来看串谋的发生是不利于提高资源配置效率的。

二 从串谋的角度提高金融市场效率的措施

综上所述,在满足一定条件下的串谋能提高金融市场效率,因此,我们可以通过控制这一条件来实现市场效率的提高。

从金融市场的公平性来看,串谋的发生是有害的,但从金融市场效率的角度来看满足一定条件的串谋在短期又是有利的,因此需要根据不同的市场目标来决定选择具体的措施。如果从长期发展来看,金融市场上更重视公平性,那么应防止串谋的发生;如果金融市场在某段时间想要提高资源配置效率的话,那么合理的串谋也是提高金融市场资源配置效率的一种手段。

第三节 在商业和金融领域中的具体案例

一 商业领域中"身份隐蔽"的共同代理人

(一) 商业间谍

"商业间谍"是指专门从事侵犯商业秘密权行为的个人

或组织。这个概念与商业情报是不同的。如果经济主体采用合法渠道收集数据、利用各种计算手段分析整理数据，以此得到对企业决策有用的相关结论或资料，那么，这些数据资料称为商业情报。一般地，商业情报收集的信息都是公开的。但是商业间谍通常利用不正当或非合法的手段窃取商业秘密，一般来说，商业间谍的活动是非常隐蔽的，通常一个商业间谍组织与客户（委托人）之间是严密的单线联系，所有客户的信息是严格保密的，而且商业间谍组织的身份对外也是严格保密的。

商业间谍从事的活动会对整个经济社会的正常运行带来非常恶劣的影响。商业间谍活动会使正常的商业竞争扭曲，变成一种靠非法活动打败竞争对手，赚取利益的恶性竞争。随着信息技术的飞速发展，职业的间谍可以更轻松地窃取商业机密。因此，企业也不得不花费巨额成本来防范商业机密的失窃损失。这样一来，企业的经营成本就会大大增加，以至于不能负担高额反间谍成本的企业不能生存下去，最终的结果就是极端的寡头垄断和生产低效。

综上所述，首先，商业间谍是一种在商业经济领域中普遍存在的代理人，并且它的身份信息是严格保密的。其次，商业间谍的行为是隐蔽的。也就是说，客户不能观察到商业间谍的行为。最后，商业间谍的活动能在很大程度上决定其客户的利益。

（二）商业间谍与客户的"串谋"以及串谋对市场公平性和效率的影响

如前所述，商业间谍的行为是隐蔽的，而且商业间谍的身份信息是严格保密的，这就使其成为"身份隐蔽"的共同代理人成为可能。当不知情的两家相互竞争的企业同时雇佣同一个商业间谍窃取彼此的商业机密时，这个商业间谍就成为"身份隐蔽"的共同代理人。此时，商业间谍拥有其身份信息这一私人信息，但两家企业并不知道他是共同代理人。如果商业间谍选择与某一企业串谋，那么串谋的发生就会改变原来的利益结构。

本书第四章对串谋发生的条件以及串谋对均衡结果的影响进行了一般化的研究，我们可以将研究成果应用于分析商业领域中商业间谍与客户串谋的具体情况。我们可以得到的结论是：在特定条件下，商业间谍会选择与客户串谋，串谋会使参与串谋的主体的收益增加，而没有参与串谋的主体的收益减少，但总收益的变动是不确定的。

运用本书第五章的研究成果可以发现，当满足特定条件下，商业间谍与客户的串谋发生并且串谋使总的收益比不发生串谋时有所增加，那么，这种情况下串谋的发生不仅没有对整体收益造成损害反而增加了总收益。也就是说，商业间谍与客户的串谋可以看作是一种提高市场效率的手段。当商业间谍的活动不可避免地对商业领域内的企业利益造成损害时，可以从提高整体利益的角度出发，满足特定条件下的串谋会降低商业间谍活动的损害。从这个角度来说，串谋的出现也不失为一种提高市场效率的"没有办法的办法"。

二　金融领域中"身份隐蔽"的共同代理人

（一）证券经纪人

证券经纪人，也称证券经理人，他同时接受证券投资者（买方和卖方）的委托信息，并根据指令完成证券的买卖交易，他可以向买卖双方收取服务佣金。

从《证券法》规定的证券经纪人的职责来看，他就是证券买卖双方的共同代理人，他同时要为买方买进证券，又要为卖方卖出证券。证券经纪人是投资双方的共同代理人，他负责匹配卖价和买价相同的卖方和买方实现交易。证券经纪人按照买卖双方的报价进行匹配交易，因此证券经纪人就掌握了比买卖双方更多的信息，例如他的双重代理人的身份信息以及买方和卖方的委托信息。这样一来，证券经纪人知道自己的共同代理人身份，同时他也知道买方和卖方的委托信息，因此他是具有信息优势的，这种信息优势会导致其发生道德风险的可能，串谋就有可能发生。

（二）金融领域的"串谋"以及串谋对证券市场的影响

证券经纪人禁止行为中明确规定不能编造、传播虚假信息或者误导投资者的信息。但是，在现实中，证券经纪人可能会违反规定，向投资人传递虚假或误导性信息，以获得更多的利益。

证券经纪人为很多的投资人代理买卖业务，但是投资人之间并不认识彼此，那么证券经纪人就是一个"身份隐蔽"的共同代理人。如果证券经理人与投资人串谋，向其他投资人传递虚假或误导性信息，那么均衡收益结构就会改变。

运用本书第四章的理论分析结果，我们可以得出结论：在一定条件下，证券经纪人和某一个（或某一些）投资人发生串谋，串谋后证券经纪人和参与串谋的投资人的收益会增加，没有参与串谋的投资人的收益会减小，但是证券经纪人和所有投资人的总收益的变动不确定。

运用本书第五章的研究成果可以发现，虽然在特定条件下证券经纪人和投资人的串谋可能会使整体收益增加，提高市场效率，但是证券经纪人和投资人的串谋会严重危害金融市场秩序，在很大程度上会导致道德行为规范的投资人对金融市场失去信心从而退出市场，而金融市场上仅剩下行为不规范的投资人，这就发生了"逆向选择"问题。因此，从短期来看，在特定条件下证券经纪人和投资人的串谋会提高市场效率，但是从长期来看，证券经纪人和投资人的串谋会引发市场失灵。从法律法规的角度来看，证券经纪人与投资人串谋是一种违规行为，一旦被发现会受到惩罚，因此，可以通过调整惩罚力度来防范证券经纪人与投资人的串谋行为，避免逆向选择的发生。

第七章 结论与思考

第一节 本书的研究结论

一 存在身份信息不对称的共同代理框架下串谋对均衡结果的影响

（一）在存在身份信息不对称的博弈互动模型中，我们得到的结论

第一，串谋会发生，而且共同代理人只会选择一个委托人进行串谋，共同代理人和参与串谋的委托人获得更多的收益，而没有参与串谋的委托人则利益受损。委托人的均衡收益仅与他们支付给共同代理人的报酬相关，委托人给共同代理人的报酬越高，共同代理人越倾向于与这个委托人串谋，这个委托人就越有可能获得较高的均衡收益；反之，委托人就会承受较高的损失。

第二，不管初始信息状态如何、不管委托人如何选择其分配信息的行动，这都不会影响他们各自最终的均衡收益，委托人的均衡收益只受共同代理人的行为选择的影响，即共同代理人与哪一方委托人串谋，该委托人就能获得较

大的收益，而其他委托人则获得较大的损失。

（二）在存在身份信息不对称的"古诺模型"中，我们得到的结论

第一，只存在分工细化并没有出现共同代理关系的"古诺模型"与传统"古诺模型"的均衡结果之间的比较：前者的市场更有效，即行业整体收益更高。

第二，串谋在一定条件下会出现。串谋对参与主体来说是有效的，能增加参与串谋的主体的收益，但是串谋对市场效率来说不一定是有效的，在一定条件下，串谋能增加行业整体收益；在一定条件下，串谋可能会减少行业整体收益。

二 分工细化下串谋对市场效率的影响结论

（一）在存在分工细化的"鹰鸽博弈"和"古诺模型"中得到的结论

第一，在传统的"鹰鸽博弈"中加入"第三国"后，不论第三国与哪一个国家串谋，联盟的收益总是大于联盟前第三国的收益与联盟国收益的和，因此，串谋是一定会发生的。在传统的"鹰鸽博弈"中加入"第三国"（加入分工细化）后，能使博弈的整体收益增加，并且每个个体能分配到的平均收益也增加。

第二，在传统的"古诺双寡头模型"中加入分工细化（共同的零售商）之后，在满足一定的条件下，串谋会发生，并且使博弈的整体收益和个体平均收益增加。

（二）在存在分工细化的解决"囚徒困境"的一般化模型中得到的结论

第一，在一般化的模型下，共同代理人作为委托人的

非合作博弈之外的主体,他既可以选择不参与该非合作博弈(不与委托人串谋),也可以选择与委托人串谋参与到非合作博弈中。当满足一定条件时,共同代理与委托人串谋能实现博弈整体收益和个体收益的增加。

第二,在一般化的模型下,委托人的异质性会影响委托人在所有可能联盟情况下分配的平均收益,即沙普利值。这是因为这些异质性影响委托人对组成每个可能联盟的贡献。

第三,在非合作博弈中加入分工细化后的均衡结果有这样两个特点:一是无"共同代理人"参与的非合作博弈是一种"囚徒困境",即均衡结果所实现的整体收益最小,个体收益不会最大,即均衡是低效率的;二是"共同代理人"以与委托人串谋的方式参与非合作博弈,串谋具有协同效应,即联盟的收益大于无联盟时共同代理和委托人收益的和,而且串谋会对联盟外的委托人造成损害,即委托人的收益低于无联盟时的收益。当满足一定条件时,在非合作博弈中加入共同代理能够实现一定程度的合作,整体收益和个体收益都会增加。

(三)在存在分工细化的"柠檬市场"和"公司治理模型"中得到的结论

第一,在"柠檬市场"中引入分工细化,将共同代理人定义为一个独立的第三方机构,买方在受到欺诈时采取"触发策略",那么串谋不会发生,"柠檬市场"的逆向选择问题能够得到有效的解决。

第二,在"公司治理模型"中引入分工细化,将共同代理人定义为提供客观独立评价的第三方,两个委托人在受到欺诈时都采取"触发策略",那么串谋不会发生,"公司治理模型"的道德风险问题能够得到有效的解决。

三 理论在金融市场上的应用

(一) 串谋的发生对金融市场公平性的影响

当存在身份信息不对称的共同代理关系时,串谋的发生也会引起各主体之间收益分配结构的不公平。而且串谋的行为在金融市场上也是违规的。无论是传统文献研究的逆向选择和道德风险问题,还是本书研究的共同代理下的串谋问题都是违反金融市场上公正、公开、公平原则的,严重阻碍金融市场的健康稳定发展。应用本书第四章的理论研究结果,串谋的发生会改变参与主体的收益结构的分配,串谋的主体的收益增加,没有串谋的主体的收益遭受严重损失,这就会导致金融市场上没有参与串谋的主体积极性下降,违反公平、公正、公开的交易原则,阻碍证券交易的正常运行。我们可以改变串谋发生的条件中的一些变量使条件不满足,这样串谋就不会发生,通过这一举措可以有效地保障金融市场的公平性。

(二) 串谋的发生对金融市场效率的影响

根据本书理论框架的研究结论,串谋发生后会对金融市场的整体效率产生影响,但影响的方向不确定:满足一定条件时,串谋会提高金融市场的效率。也就是说,串谋的发生会使金融市场的整体收益增加,串谋使"蛋糕"做大了;否则,串谋会拉低金融市场的效率,即串谋的发生会使金融市场的整体收益减少。因此,从短期来看,我们可以通过控制这一条件来实现金融市场上资源配置效率的提高。

第二节 研究结论的思考

首先，根据我们对金融市场上存在共同代理关系现象的观察，发现了一种新的信息不对称形式，并且提出了可能会发生的一种行为——串谋。为了研究金融市场上共同代理关系下的串谋问题，本书构建了理论模型，该理论模型研究的是在一种普遍存在的、有显著特点的框架下分工细化、共同代理和串谋这三者之间的关系以及它们对均衡造成的影响。该框架研究的是纵向分工细化下出现身份隐蔽的共同代理关系之后，共同代理人可能会与委托人串谋这样一系列的因果关系，其中动因是纵向分工细化，行动结果是串谋，研究目的是分析这一系列因果关系对均衡结果的影响。理论研究主要分为两大部分：一是存在身份信息不对称的共同代理框架下串谋对均衡结果的影响；二是分工细化下串谋是市场效率的变动问题；三是将理论研究成果应用于金融市场上，分析串谋对金融市场公平性和效率的影响。

本书理论研究的两大部分具有一定的联系和区别。这两大部分的结论实质上是一致统一的。我们分析引入分工细化的竞争模型时，分工细化的作用机制最终也回到串谋对均衡结果的影响上来，因此，两个部分所用的作用机制是相同的，因此结论也就是相一致的。它们的区别是，两个部分研究的侧重点不一样，第一个部分重点分析串谋之后行业整体利益的分配问题，即整体利益在串谋主体和没有参与串谋的主体之间的分配，而第二个部分重点分析引入分工细化前后博弈整体收益的变动问题，即分析分工细化能否使市场效率更高。

通过本书的理论研究成果和在金融市场上的应用，我们有以下两点思考：

第一，在共同代理框架下，研究身份信息不对称具有重要的理论意义和现实指导意义，因为由于身份信息不对称可能导致共同代理人与委托人的串谋，而串谋又一定会改变均衡收益结构。在金融市场上，串谋的发生会引起市场的不稳定，破坏交易的公平、公正、公开的基本原则。

第二，由分工细化产生共同代理关系，运用共同代理框架下串谋的作用机制，可以分析分工细化下串谋对市场效率的影响，这有重大的理论意义。根据结论，在一定条件下，分工细化下的串谋会使市场效率更高，这就证明可以通过合理的分工和合理的串谋来提高市场效率，对金融市场来说也是适用的。

参考文献

奥尔森：《集体行动的逻辑》，上海三联书店、上海人民出版社 1995 年版。

柏拉图：《理想国》，外语教育与研究出版社 1998 年版。

保罗·A. 萨缪尔森、威廉·D. 诺德豪斯：《经济学》（第 14 版），胡代光等译，北京经济学院出版社 1996 年版。

陈柳钦：《分工协作、交易费用与产业集群》，《西华大学学报》2006 年第 5 期。

陈平：《劳动分工的起源和制约——从斯密困境到广义斯密原理》，《经济学》2002 年第 2 期。

樊纲：《市场机制与经济效率》，上海三联书店、上海人民出版社 1995 年版。

冯根福：《双重委托代理理论：上市公司治理的另一种分析框架——兼论进一步完善中国上市公司治理的新思路》，《经济研究》2004 年第 12 期。

何雄浪：《基于新兴古典经济学、交易成本经济学的产业集群演进机理探析》，《南开经济研究》2006 年第 3 期。

何雄浪：《劳动分工、交易效率与产业集群演进》，《财经研究》2006 年第 4 期。

刘有贵、蒋年云：《委托代理理论述评》，《学术界》2006年总第116期。

陆立军、郑小碧：《劳动分工、职业中间商与市场采购型国际贸易》，《南方经济》2014年第2期。

罗纳德·哈里·科斯：《论生产的制度结构》，盛洪、陈郁译校，上海三联书店1992年版。

马克思：《1844年经济学哲学手稿》，载《马克思恩格斯全集》第42卷，人民出版社1979年版。

马克思：《政治经济学批判（1857—1858年草稿）》，载《马克思恩格斯全集》第46卷，人民出版社1979年版。

马克思、恩格斯：《马克思恩格斯全集》第23、47卷，人民出版社1988年版。

马克思、恩格斯：《马克思恩格斯选集》第3卷，人民出版社1972年版。

马克思：《经济学手稿（1861—1863年）》，载《马克思恩格斯全集》第48卷，人民出版社1985年版。

马克思：《资本论》第1、2、3卷，人民出版社1975年版。

马歇尔：《经济学原理》，王作荣译，台湾银行经济研究室编印1965年版。

迈克尔·迪屈奇：《交易成本经济学》，经济科学出版社1999年版。

纳尔逊·温特：《经济变迁的演化理论》，商务印书馆1997年版。

屈子力：《内生交易费用与区域经济一体化》，《南开经济研究》2003年第2期。

盛洪：《分工与交易——一个一般理论及其对中国非专业化问题的应用分析》，上海三联书店、上海人民出版社1994年版。

汪丁丁：《从"交易费用"到博弈均衡》，《经济研究》1995年第9期。

吴德进：《产业集群论》，社会科学文献出版社2006年版。

亚当·斯密：《国民财富的性质和原因的研究》，郭大力、王亚南译，商务印书馆1972年版。

杨小凯：《当代经济学与中国经济》，中国社会科学出版社1997年版。

杨小凯：《经济学原理》，中国社会科学出版社1998年版。

杨小凯：《微观经济学的新发展》，载汤敏、茅于轼主编《现代经济学前沿专题》（第二集），商务印书馆1993年版。

杨小凯、张永生：《新兴古典发展经济学导论》，《经济研究》1999年第7期。

杨小凯、张永生：《新兴古典经济学与超边际分析》，中国社会科学出版社2000年版。

杨治宇、马士华：《供应链企业间的委托代理问题研究》，《计算机集成制造系统》2001年第1期。

袁庆明：《关于交易费用的几个问题》，《江苏社会科学》2004年第1期。

张维迎：《所有制、治理结构及委托—代理关系》，《经济研究》1996年第9期。

张维迎著:《博弈论与信息经济学》,上海三联书店、上海人民出版社1996年版。

Akerlof G. , "The Market for 'Lemons': Quality and The Market Mechanism", *Quarterly Journal of Economics*, 1990, 84: 488 – 500.

Akerlof G. , "A Theory of Social Custom of which Unemployment May Be One Consequence", *Quarterly Journal of Economics*, 1980, 94: 749 – 775.

Ana Natasha Cervantes, Annette Hanson, "Dual Agency and Ethics Conflicts in Correctional Practice: Sources and Solutions", *American Academy of Psychiatry and the Law*, 2013, 41: 72 – 8.

Andrea Attar, Eloisa Campioni, Gwenaël Piaser, "Two – sided Communication in Competing Mechanism Games", *Journal of Mathematical Economics*, Volume 49, Issue 1, Pages, 2013, 62 – 70.

Anqi Li, Yiqing Xing, "Intermediated Implementation", 2015.

Antonio Nicita, Simone Sepe, "The Hold – up Problem Under Common Agency", 2012.

Avinash Dixit, Gene M. Grossman and Elhanan Helpman, "Common Agency and Coordination: General Theory and Application to Government Policy Making", *Journal of Political Economy*, 1997, 105 (4): 752 – 769.

Balázs Szentes, "Contractible Contracts in Common Agency Problems", *Review of Economic Studies*, 2015, 82 (1):

391 – 422.

Bernard Sinclair – Desgagné, "Incentives in Common Agency", CIRANO Working Papers, 2001.

Bruno Biais, David Martimort & Jean – Charles Rochet, "Competing Mechanisms in a Common Value Environment", *Econometrica*, 2000, 68 (4): 799 – 837.

B. Douglas Bernheim & Michael D. Whinston, "Common Marketing Agency as a Device for Facilitating Collusion", *The RAND Journal of Economics*, 1985, 16 (2): 269 – 281.

B. Douglas Bernheim & Michael D. Whinston, "Common Agency", *Econometrica*, 1986, 54 (4): 923 – 942.

B. Douglas Bernheim & Michael D. Whinston, "Menu Auctions, Resource Allocation, and Economic Influence", *The Quarterly Journal of Economics*, 1986, 101 (1): 1 – 32.

Chiu Yu Koy (2015), "Common Agency with Budget Constraints", working paper.

Claude d' Aspremont & Rodolphe Dos Santos Ferreira, "Oligopolistic Competition as A Common Agency Game", *Games and Economic Behavior*, 2010, 70: 21 – 33.

Claudio Mezzetti & Theofanis Tsoulouhas, "Gathering Information Before Signing A Contract with A Privately Informed Principal", *International Journal of Industrial Organization*, 2000, 18: 667 – 689.

Claudio Mezzetti, "Common Agency with Horizontally Differentiated Principals", *The RAND Journal of Economics*, 1997, 28 (2): 323 – 345.

Cournot A., "Researches into the Mathematical Principles of the Theory of Wealth", *Macmillan*, NY, 1838.

Crowley P. H, "Hawks, Doves, and Mixed – symmetry Games", *Journal of Theoretical Biology*, 2000, 204: 543 –563.

D Gale & LS Shapley, "College admissions and the stability of marriage", *The American Mathematical Monthly*, 1962.

Dapeng Cai, Jie Li, "Protection versus Free Trade: Lobbying Competition between Domestic and Foreign Firms", *Southern Economic Journal*, Volume 81, Issue 2, pages, 2014, 489 –505.

Dashan Huang, "The Servant of Two Masters: A Common Agency – Based Explanation for Side –by –Side Management", 2012.

David Martimort, "Exclusive Dealing, Common Agency, and Multiprincipals Incentive Theory", *The RAND Journal of Economics*, 1996, 27 (1): 1 –31.

David Martimort, Aggey Semenov, "Ideological Uncertainty and Lobbying Competition", *Journal of Public Economics*, 2008, 92: 456 –481.

David Martimort, Aggey Semenov, Lars Stole, "A Complete Characterization of Equilibria in Two – type Common Agency Screening Games", *MPRA Paper*, 2015, No. 66620, posted 14.

David Martimort, Lars Stole, "A Note on the Revelation Principle under Common Agency", *Mimeo*, University of Chicago, 1993.

David Martimort, Lars Stole, "The Revelation and Delegation Principles in Common Agency Games", *Econometrica*, 2002, 70 (4): 1659 – 1673.

David Martimort, Lars Stole, "Market Participation in Delegated and Intrinsic Common – Agency Games", *The RAND Journal of Economics*, 2009a, 40 (1): 78 – 102.

David Martimort, Lars Stole, "Selecting Equilibria in Common Agency Games", *Journal of Economic Theory*, 2009b, 144: 604 – 634.

David Martimort, Lars Stole, "Representing Equilibrium Aggregates in Aggregate Games with Applications to Common Agency", *Games and Economic Behavior*, 2012, 76: 753 – 772.

David Martimort, Lars Stole, "Public Contracting in Delegated Angency Games", Working Paper, 2013.

David P. Baron, Alexander V. Hirsch, "Common agency lobbying over coalitions and policy", *Economic Theory*, Volume 49, Issue 3, 2012, 639 – 681.

Didier Laussel & Michel Le Breton, "Effcient Private Production of Public Goods under Common Agency", *Games and Economic Behavior*, 1998, 25: 194 – 218.

Didier Laussel & Michel Le Breton, "Conflict and Cooperation : The Structure of Equilibrium Payoffs in Common Agency", *Journal of Economic Theory*, 2001, 100: 93 – 128.

Dirk Bergemann & Juuso Välimäki, "Dynamic Common Agency", *Cowles Foundation Discussion Paper*, 1998, No. 1206.

Dirk Bergemann & Juuso Välimäki, "Dynamic Common Agency", *Journal of Economic Theory*, 2003, 111: 23 – 48.

Dirk Bergemann & Juuso Välimäki, "Dynamic Price Competition", *Journal of Economic Theory*, 2006, 127: 232 – 263.

Dirk Bergemann & Maher Said, "Dynamic Auctions: A Survey", *Cowles Foundation Discussion Paper*, 2010, No. 1757.

Dyana P. Mason, "Common Agency in Nonprofit Advocacy Organizations", Published online in Wiley Online Library (wileyonlinelibrary. com) DOI: 10. 1002/nml. 21211, 2016.

Eduardo J. Gómez, "Proposing a Sequential Comparative Analytical Method for Assessing Multilateral Health Agency Reforms and Sustainability", 2013.

Epstein L., M. Peters, "A Revelation Principal for Competing Mechanisms", *Journal of Economic Theory*, 1999, 88: 119 – 160.

Eric W. Bond & Thomas A. Gresik, "Competition Between Asymmetrically Informed Principals", *Economic Theory*, 1997, 10: 227 – 240.

Esther Gal – Or, "A Common Agency with Incomplete Information", *The RAND Journal of Economics*, 1991, 22 (2): 274 – 286.

Fahad Khalil, David Martimort & Bruno Parigi, "Monitoring a Common Agent: Implications for Financial Contracting", *Journal of Economic Theory*, 2007, 135: 35 – 67.

Fahad Khalil, David Martimort & Bruno Parigi, "Monitoring a Common Agent: Implications for Financial Contracting", Journal of Economic Theory, 2007, 135: 35 – 67.

Gabriella Chiesa & Vincenzo Denicolò, "Trading with a

Common Agent under Complete Information: A Characterization of Nash Equilibria", *Journal of Economic Theory*, 2009, 144: 296 – 311.

Gary Biglaiser, Claudio Mezzetti, "Principals Competing for an Agent in the Presence of Adverse Selection and Moral Hazard", *Journal of Economic Theory*, 1993, 61: 302 – 330.

Gary Biglaiser, Claudio Mezzetti, "Incentive Auctions and Information Revelation", *The RAND Journal of Economics*, 2000, 31 (1): 145 – 164.

George A. Krause, Anne Joseph O'Connell, "Can Bureaucratic Leadership Mitigate Common Agency Problems? —Institutional Policy Conflict and the Political Calculus of Budgetary Support for U. S. Federal Agencies", Working Paper, 2015.

Giacomo Calzolair & Carlo Scarpa, "Non – Intrinsic Common Agency", Feem Working Paper, 1999, No. 84 – 99.

Giacomo Calzolari & Alessandro Pavan, "On the Optimality of Privacy in Sequential Contracting", *Journal of Economic Theory*, 2006, 130: 168 – 204.

Giacomo Calzolari & Alessandro Pavan, "On the Use of Menus in Sequential Common Agency", Discussion Paper, Center for Mathematical Studies in Economics and Management Science, 2008, No. 1498.

Giacomo Calzolari & Alessandro Pavan, "Sequential Contracting with Multiple Principals", Discussion Paper, Center for Mathematical Studies in Economics and Management Science, 2009, No. 1499.

Giacomo Calzolari, "Incentive Regulation of Multinational Enterprises", *International Economic Review*, 2004, 45 (1): 257 – 282.

Giuseppe Ciccarone, Enrico Marchetti, "Optimal Linear Contracts Under Common Agency and Uncertain Central Bank Preferences", *Public Choice*, 2012, 150: 263 – 282.

Graham Mallard, "Static Common Agency and Political Influence: an Evaluative Survey", *Journal of Economic Surveys*, 2014, 28, (1): 17 – 35.

Graham Mallard, "Exerting Influence: The Common Agency Model", *Australian Economic Review*, 2015, 48 (2): 214 – 221.

Guilherme Carmona & Jose' Fajardo, "Existence of Equilibrium in Common Agency Games with Adverse Selection", *Games and Economic Behavior*, 2009, 66 (2): 749 – 760.

Gwenaël Piaser, "Common Agency Games with Common Value, Exclusion, Convexity and Existence", working paper, 2016.

Gülnur Tumbat, Kent Grayson, "Authority Relinquishment in Agency Relationships", *Journal of Marketing*, 2016, 80 (3): 42 – 59.

Holmstrom & Milgrom, "Multitask Principal – Agent Analysis: Incentive Contracts, Assets Ownership, and Job Design", *Journal of Law, Economics, and Organization*, 1991, 7: 24 – 52.

Ilias Boultzis, "Common agency with caring agents", *Eco-

nomics Letters, 2015, 126: 71 – 74.

Ioannis N. Pinopoulos, "Common Agency and Linear Wholesale Pricing", working paper, 2016.

Janice YM Lee, Fauzias Mat Nor, Norazlan Alias, "Asset Divestitures and Corporate Operational Returns: an Agency Theory Perspective on Malaysian Public – listed Companies", Vilnius Gediminas Technical University.

Kevin Siqueira, "Common Agency and Partical Cooperation", *Journal of Public Economic Theory*, 2001, 3 (3): 309 – 339.

Lantz, Paula M., Alexander, Jeffrey A., Adolph, Christopher, Montgomery, JoLynn P., "State Government Organization of Health Services, 1990 – 2009: Correlates and Consequences", *Journal of Public Health Management & Practice*, 2014, 20 (2): 160 – 167.

Larry G. Epstein & Michael Peters, "A Revelation Principle for Competing Mechanisms", *Journal of Economic Theory*, 1999, 88: 119 – 160.

Lars Stole, "Mechanism Design under Common Agency", *Mimeo*, University of Chicago, 1991.

Lasramab, Didier G. Lausselb, "Is Firm – sponsored Training a Palliative? A Common Agency Approach", Published online: 2016, 24.

Libo Ding, Bangyi Li, Suling Feng, "Research on Multi-principals Selecting Effective Agency Mode in the Student Loan System", *Mathematical Problems in Engineering*, Volume 2014

(2014), Article ID 835254, 8 pages, 2014.

Linda R. Cohen, Amihai Glazer, "Innovation, Common Agency, and Free Riding", April 23, 2012 DRAFT.

Louis Jaeck, Sehjeong Kim, "The Impact of EMU Enlargement on Structural Reforms: A Political Economy Approach", *International Advances in Economic Research*, 2014, 20 (1): 73 - 86.

Mark Copelovitch, Daniel Nielson, Ryan Powers, Michael J. Tierney, "The Unipolar Fallacy: Common Agency, American Interests, and the International Financial Institutions", Prepared for Presentation at the 2014 PEIO Conference, 2014.

Matthew E. Oliver, Jason F. Shogren, "Contests, Common Agency, and Corruption: Why the Green Candidate Seldom Wins", Working Paper, 2015.

Michael Peters, "Common Agency and the Revelation Principle", *Econometrica*, 2001, 69 (5): 1349 - 1372.

Michael Peters, "Negotiation and Take It or Leave It in Common Agency", *Journal of Economic Theory*, 2003, 111: 88 - 109.

Michael Peters, Balázs Szentes, "Definable and Contractible Contracts", *Econometrica*, 2012, 80 (1): 363 - 411.

Michelle R. Garfinke & Jaewoo Lee, "Political Influence and the Dynamic Consistency of Policy", *The American Economic Review*, 2000, 90 (3): 649 - 666.

Myerson R. , "Optimal Coordination Mechanism in Generalized Principal - Agent Problems", *Journal of Mathematical E-*

conomics, 1982, 10: 67 - 81.

Nadide Banu Olcay, "A common Agency within Bureaucracy", *Theoretical and Applied Economics*, Volume XⅩⅢ, 2016, No. 1 (606): 73 - 102.

Niels Anger, Christoph Böhringer, Andreas Lange, "The Political Economy of Energy Tax DifferentiationAacross Industries: Theory and Empirical Evidence", *Journal of Regulatory Economics*, 2015, 47 (1): 78 - 98.

Olarreaga, "Endogenous Tariffs in a Common - Agency Model: A New Empirical Approach Applied to India", *Revista de Economíay Estadística*, 2013, LI (1): 25 - 52.

Ottorino Chillemi, Benedetto Gui, Lorenzo Rocco, "The Value of Information Disclosure under Local Learning—the case of fixed types", "Marco Fanno", Working Paper, 2013, 161.

Patrick Rey, Michael D. Whinston, "Does retailer power lead to exclusion?", Version of Record online: 5 APR 2013.

Roman Inderst & Marco Ottaviani, "Intermediary Commissions and Kickbacks", *The American Economic Review*, 2010.

Roman Inderst & Marco Ottaviani, "Competition through Commissions and Kickbacks", *The American Economic Review*, 2012.

Ross S, "The Economic Theory of Agency - The Principal's Problem", *The American Economic Review*, 1973, 63 (2): 134 - 139.

Salvatore Piccolo, Marco Pagnozzi, "Information Sharing Between Vertical Hierarchies", *Games and Economic Behavior*, 2013,

79, 201-222.

Seungjin Han, "On take it or leave it offers in common agency", *Economics Letters*, 2012, 117 (3): 777-781.

Silvana Krasteva, Huseyin Yildirim, "On the Role of Confidentiality and Deadlines in Bilateral Negotiations", *Games and Economic Behavior*, 2012, 75 (2): 714-730.

Simen A. Ulsaker, "Menu Contracts and the Division of Profits in Vertical Relationships", *Economics Letters*, 2016, 138: 72-74.

Simone Galperti, "Common agency with Informed Principals: Menus Andsignals", *Journal of Economic Theory*, 2015, 157: 648-667.

Tapio Palokangas, "Integration, Regulation, Lobbying by Firms and Workers, and Technological Change", Discussion Paper, 2009, 639.

Tapio Palokangas, "Regulation Versus Subsidies in Conservation with a Self-interested Policy Maker", *Environmental Economics and Policy Studies*, Accepted: 20 January 2016.

Timothy G. Conley, Francesco Decarolis, "Detecting Bidders Groups in Collusive Auctions", 2012.

Toshiyuki Hirai, "Cooperation and Conict in Common Agency Games with General Preferences", 2013.

Trond E. Olsen & Gaute Torsvik, "Intertemporal Common Agency and Organizational Design: How much decentralization?", *European Economic Review*, 1995, 39: 1405-1428.

Viktar Fedaseyeu, Robert Hunt, "The Economics of Debt

Collection: Enforcement of Consumer Credit Contracts", Working Paper, 2014.

Wolfgang Habla, Ralph Winkler, "Strategic Delegation and Non‐cooperative International Permit Markets", Working Paper, 2015.

Xianhai Huang, Mobing Jiang1, Jie Li, "A Comparison of Optimal Tariffs and Welfare under No Lobbying, Domestic Lobbying and Domestic‐foreign Lobbying", *The World Economy*, 2015, 38 (1): 136–150.

Yi Zhang, "Dual and Common Agency Issues in International Joint Ventures: Evdience From China", *The Singapore Economic Review*, 2013, 58 (3).

Yu Chen, "Bilateral Mechanism Design: Practical Contracting in Multi‐Agency", *CAEPR Working Paper*, 2016, 2013‐003.

Yuan Li, Mario Gilli, "Accountability in Autocracies: The Role of Revolution Threat", *Stockholm School of Economics Asia Working Paper*, 29, 2014.